imaginist

想象另一种可能

理
想
国
imaginist

GUSTAVE LE BON

乌合之众
大众思维研究

THE CROWD
A STUDY OF THE POPULAR MIND

[法]古斯塔夫·勒庞 著
邓航 译 舒涓 校

图书在版编目(CIP)数据

乌合之众：大众思维研究 /（法）古斯塔夫·勒庞著；邓航译；舒涓校. -- 北京：九州出版社，2023.11

ISBN 978-7-5225-2444-3

Ⅰ.①乌… Ⅱ.①古… ②邓… ③舒… Ⅲ.①群众心理学－研究 Ⅳ.① C912.64

中国国家版本馆CIP数据核字（2023）第209362号

乌合之众：大众思维研究

作　　者	［法］古斯塔夫·勒庞 著　邓航 译　舒涓 校
责任编辑	王　佶
出版发行	九州出版社
地　　址	北京市西城区阜外大街甲35号（100037）
发行电话	（010）68992190/3/5/6
网　　址	www.jiuzhoupress.com
印　　刷	山东韵杰文化科技有限公司
开　　本	787毫米×1092毫米　32开
印　　张	9.5
字　　数	150千
版　　次	2023年11月第1版
印　　次	2023年11月第1次印刷
书　　号	ISBN 978-7-5225-2444-3
定　　价	49.00元

★ 版权所有　侵权必究 ★

群体无意识行为对个体有意识活动的取代，已经成为当下最重要的时代特征之一。

目 录

001　译者前言　群体的时代，公众的时代 / 邓航

027　原序
035　导言　群体的时代

第一卷　群体的思维

047　第一章　群体的整体特征
061　第二章　群体的情感和道德
089　第三章　群体的观念、推理能力和想象力
103　第四章　群体信仰所采用的宗教形式

第二卷 群体的观点和信仰

113　　第一章　群体观点和信仰的远期因素
139　　第二章　群体观点的即期因素
157　　第三章　群体的领袖及其说服手段
185　　第四章　群体信仰和观点的变化界限

第三卷 不同群体的分类和性质

203　　第一章　群体的分类
209　　第二章　被称为犯罪群体的群体
215　　第三章　刑事犯罪的陪审团
225　　第四章　选民群体
239　　第五章　议会

265　　从群体到公众：公共传播及其社会影响 /
　　　　[法] 加布里埃尔·塔尔德

291　　译名对照表

译者前言
群体的时代，公众的时代
古斯塔夫·勒庞群体心理学的洞见与偏颇

邓 航

> 当我们所有古老的信仰都摇摇欲坠或濒临绝迹，当社会原有的支柱接二连三垮塌，群体却不仅是唯一没有受到威胁的力量，而且其声望还在持续提升，据此就可以说，我们即将进入的时代，就是"群体的时代"（Era of Crowds）。
>
> ——古斯塔夫·勒庞《乌合之众》

> 我不能同意激情洋溢的作家勒庞博士的观点，即我们的时代是"群体的时代"，相反这是一个公众的时代（Era of the Public），二者完全不同。
>
> ——加布里埃尔·塔尔德《从群体到公众》

美国版《乌合之众》[①]的扉页上有一句出版商的特别提示："本书的一些观点反映了19世纪最后几年，欧洲和美国部分作家在社会问题上的普遍看法，但现在已经不复如此。"这句声明可能会引发以下问题：一本观点过时的书为什么值得再版？或者换句话说，这本书对于一百多年后的读者而言，价值与意义何在？

子产曰"行无越思"，写作也无法超越作者的思想，而人的思想又主要源于其所处的时代，以及那个时代对历史的认知，因此当我们评判一部作品的内在价值时，最稳妥的办法就是对作者所生活的时代进行考察。勒庞1841年出生于法国小城罗特鲁一个公务员家庭，青年时代在巴黎求学并取得医学博士学位，后来游历欧洲、北非和亚洲，写过数本关于人类学和考古学的作品，然而都没有成功，后来转入研究群体心理学，并于1895年出版 Psychologie des foules，中文译为《乌合之众》。

勒庞从群体心理学的角度对法国历史上的一系列重大事件进行了回顾，从1572年圣巴托罗缪大屠杀，到法国大革命、

[①] Gustave Le Bon, *The Crowd: A Study of the Popular Mind* (New York: Dover Publications, 2002).

译者前言　群体的时代，公众的时代

拿破仑称帝、波旁王朝复辟、奥尔良君主立宪，再到1871年的巴黎公社、之后的"第三共和"等，时间跨度逾三百年。书中的主要观点是：当很多人出于某种目的聚集在一起时，群体行为就发生了不同于个体行为的本质变化，勒庞称之为"群体思维一致性的法则"，这种一致性表现出冲动、易变、易怒、轻信、不负责任、容易走向极端等特点。此外他还特别强调基于生物遗传的种族禀赋在种族文明和民族命运方面的决定性影响。

这样一部面世之后即经久不衰，并受到西奥多·罗斯福、希特勒、墨索里尼等政要一致热捧的作品，却被部分社会学家认为是各种意识形态的古怪混杂。美国社会学泰斗罗伯特·金·墨顿在1960年为美国版《乌合之众》撰写的书评里，就公开评价勒庞"从未学会收集和分析社会学数据，以及用数据来审视自己的观点"，"他想成为社会学家，却只有政论家的成果"。如果我们阅读同期欧洲其他社会学家的作品，比如埃米尔·涂尔干、加布里埃尔·塔尔德、马克斯·韦伯，或者稍早一些的卡尔·马克思，就会相信墨顿教授的评价并非情绪化的批评，而是基于某些学术规范。

本文无意以学术之绳墨度量一部深受读者喜爱的作品，

只是尝试回到勒庞所生活的19世纪欧洲,去弄清楚为什么他对即将到来的"群体的时代"表现出如此强烈的震惊和惧怕。这个问题又与另外一个问题密切联系,即为什么在19世纪的欧洲,会突然出现社会学这样一个研究领域?

一 历史与时代:那个冲动、易变、易怒、轻信的群体是谁?

什么是第三等级?

在勒庞写作本书之时,法国大革命已经过去一个多世纪,在此期间的每一个重大时刻,几乎都有人重申"大革命"的原则以示其正统地位,比如发生在勒庞三十岁那年的巴黎公社。从这个角度可以说他所处的时代仍处于"大革命"的余震和回响之中,所以"大革命"很合适作为考察《乌合之众》写作历史背景的起点。

1789年,路易十六决定召开由教士、贵族和第三等级(除了前两个等级之外的其他有产阶级)共同参加的"三级会议",以解决刻不容缓的财政危机。由于占有大量土地的教士、贵族阶层享有税收豁免的特权,整个国家的税负几乎都压在农民和新兴的城市工商业阶层身上,但他们无论是在封建领主

译者前言　群体的时代，公众的时代

制下，还是国家行省制下都没有任何政治权利，所以此次"三级会议"的参会者在税收豁免特权上意见尖锐。

第三等级代表西哀耶士写下《什么是第三等级？》，在这篇震动法兰西的檄文里，西哀耶士把除了教士、贵族之外的第三等级描述为"构成一个完整国家的一切，但它目前却是一个戴着脚镣和被压迫着的一切"，"如果没有第三等级，国家将万事俱废，但如果没有其他两个等级，国家却会更加顺遂"。他认为贵族阶层因为坚持特权，已不再属于由公民组成的共同体，也就丧失了公民拥有的政治权利，并使自己成了公民的敌人。

这篇文章叠加此前启蒙运动关于自由、平等理念所带来的影响，导致法国很多城市和乡村发生大规模反抗特权的暴动，"三级会议"的主题被迫由解决财政危机转为制订国家宪法，会议名称也变为"国民会议"。关于"大革命"期间所发生的骇人听闻的一切，直到拿破仑的崛起、称帝、战败与流放，《乌合之众》里都有回顾，不再赘述。

选举权与革命：专政与民主的结盟及对抗

实际上从19世纪30年代起，奥尔良王朝的掌权者就意识到了阶层力量对比的变化，因此包括土地所有者、工厂主、商人在内的大资产阶级首次被允许进入贵族院，路易·菲利浦一世甚至一度被称为"公民国王"。根据1840年法国议会成员的分布统计，土地所有者和工商业者、金融业者已经大约占到议员比例的60%，只是人数日趋庞大的城市劳工阶级仍因纳税额的原因被排除在选举权之外。

由于工人阶级没有被掌权者接受为一种代表新型生产方式的群体，工人没有选举和结社的权利，其生存境况非常悲惨：工作时间超长、工作条件恶劣危险、童工和女工被剥削的情况十分常见。这些因素导致的普遍贫困、疾病和犯罪，叠加1846—1847年的农业歉收，最终导致1848年的二月革命，路易·菲利普一世赖以执政的、由小资产阶级构成的国民自卫队倒戈，国王逊位逃跑，法兰西进入"第二共和"。

二月革命带来的混乱持续了三个月，巴黎临时政府围绕权力重构和危机应对展开激烈博弈，成千上万的巴黎工人也因失业而暴力示威，要求政府成立劳动部，并拿出明确的社会改造措施。值得一提的是，马克思当时应临时政府邀请来到巴黎，给法国人带来了解决危机的社会主义思路，这和皮埃尔·约瑟夫·蒲鲁东的无政府主义一起引起了资产阶级掌权者的恐惧，也让临时政府分裂为自由派和社会主义派两大敌对阵营，双方同意通过选举来解决冲突。

这次选举是法国第一次把选举权扩宽到21岁以上的男性，并且取消了选民在收入和财产方面的限制。1848年12月，路易·拿破仑·波拿巴在其伯父的光环下高票当选总统，投票给他的人甚至包括作家维克多·雨果。这在一定程度上印证了勒庞的观点："如果认为群体的革命本能占主导地位，那就完全误解了他们的心理。……他们的叛逆性和破坏性总是爆发得非常短暂。群体主要受到无意识的支配……难免趋于极端保守。"

至于公民的普选权，实际在1789年法国大革命开始不久，作为领导者的资产阶级就放弃了对普选权的争论，他们认为自己倡导的正义与自由必须依靠有产阶级来实现，因为无产者数量众多，而且这些人受教育程度很低，经常表现出无政府的暴力。作为美国《权利法案》的翻版，法兰西国民会议在1789年颁布的《人权和公民权宣言》宣告了人民在法治、自由、平等和私有财产等方面的基本权利，却完全没有提到选举权，这说明尽管资产阶级要利用劳工阶层壮大声势，但他们显然不愿置身于群众暴力之中。

在"大革命"半个多世纪后,法国人拥有了梦寐以求的选举权,而且是普选总统和皇帝的选举权,何其神圣!至于他们到底想选举什么,恐怕只有法兰西的政治先知托克维尔最能理解,他写道:"存在一个巨大的守护性力量,强大但是无形、平常又具有远见,充满了慈悲怜悯。它成了人民的唯一主宰,免除人民的思考之苦和生活烦恼,但也弱化他们的自由,并剥夺了其对自己潜能的运用。正是平等为人们带来了这一切,平等的原则就隐含着他们应该承受这一切。"①

工人阶级、无产阶级和社会主义者

1870年9月,拿破仑三世在色当兵败被俘,国内哗然。次年1月,法国临时政府向普鲁士投降,并同意付出50亿金法郎作为战争赔款,愤怒的巴黎人却坚决不从,自发组建自治公社以对抗政府。巴黎公社的核心力量是国民卫队选举的代表委员会,从军事法庭的统计数据可以知道其主体是工人阶级,既有普通工人,也有技术型工人,还有一些可被视为宽泛意义上的劳工阶层。至少有两点值得探讨:其一,他

---

① 见托克维尔:《论美国的民主》,商务印书馆,1989年。

们是否属于无产阶级；其二，他们是否信奉社会主义，毕竟工人阶级、无产阶级和社会主义者并不能混为一谈。

谈到工人阶级与无产阶级的关系，拉塞尔·柯克在其《政治的审慎》中极富洞察力地写道："无产阶级是这样一群人，他们失去了可以归属的社群，不再有改善的希望、道德信念、工作习惯、个人责任感或者求知欲，不再作为正常家庭的成员，没有财产，不参与公共事务，也不加入宗教团体，对人类存在的目标和意义都没有明确的认识。"[①]也就是说，准确意义上的无产阶级不是泛指劳工阶级，而是指社会边缘的极少数人，他们不仅没有财产，也不拥有人们通常渴望的那些美好之物，但凡有工作、家庭和基本道德信念的人，或者仅作为传统宗教的信奉者，都不会因为觊觎他人财产而萌生暴力革命的想法。

此外，虽然巴黎公社成员很容易被当作"主张平分财产"的社会主义者，但我们不能将战争状态下的物资分配手段视为其常规政策主张，实际上巴黎公社所提出的政教分离、义务教育等政策，在后来的"第三共和"时期都得以实现，因

---

① 见该书第17章"无产阶级的前景"。

此就连马克思也认为大部分公社社员都根本不是,也不可能成为社会主义者。正如乔治·杜比在其《法国史》中所言:"社会主义者编造了公社神话,把它说成是社会主义者的第一次革命。实际上巴黎公社起义,只是骄傲而且孤独激进的共和派对抗共和之敌的起义,他们没有时间成为社会主义者。"

那个冲动、易变、易怒、轻信的群体是谁?

以上就是对勒庞所处时代及其写作背景的简要梳理。书中还提到了其他重要历史事件,比如狂热的布朗热主义危机、巴拿马运河议员贿赂丑闻、犹太裔军官德雷福斯案所引发的社会撕裂等,这些事件虽然声势浩大,但都没有动摇共和国的根基,也没有阻挡海外殖民和经济发展,其经济与国力长期保持在世界前列。

在经历了种种革命与动荡之后,法国此时已经从"大革命"时期的以农业和农民为主体,逐渐转变为以工业和工人为主体。钢轨和大炮、铁路和银行、全新的工商业和金融业已经成为社会最鲜明的特征。1895年《乌合之众》出版之时,社会局势相对稳定,法国人在继1848年获得选举权之后,又用议会制度、地方自治、教育改革、宗教中立等政策为国家找到了更多压舱石。

在勒庞一生中，有1855年、1889年、1900年三次世界博览会在巴黎召开，这不仅标志着法国工人已从松散的手工业者转变为人数众多、联系紧密的群体，也显著改变了阶级之间的力量对比，并极大震撼了人们的思想观念。尽管为了突出研究的科学性，书中史实都被精心处理为随机、偶发的群体事件，但我们有理由相信勒庞内心最为震惊、惧怕的群体，他笔下那群冲动、易变、易怒、轻信的乌合之众，就是日益壮大却又懵懂冲动的劳工阶级，他们因为没有政治、经济权利的保障，时刻处在沦为无产阶级的边缘。

二　涂尔干与塔尔德：阶层力量对比变化的社会学视角

劳工阶层的不满与社会主义思潮的兴起

正如罗伯特·金·墨顿在评价勒庞时所说，《乌合之众》的最大亮点就在于作者对潜在重要问题的敏锐洞见，用书中的话说，这是一种"脊髓中的本能"。勒庞从群体心理学的角度，看到了人数快速增加、力量迅猛壮大的劳工阶级对原有秩序的威胁，因此对法国乃至整个基督教文明的命运都极其悲观。稍早于勒庞的法国历史学家丹纳、文学家龚古尔兄弟等也都对法国的未来忧心忡忡，后者更是预言了患贫血病的欧洲文明将遭受野蛮人的攻击，这里的野蛮人就是指粗野的工人，这些人把自己的野蛮行径称为"革命"。

马克思是早于勒庞对法国社会巨变进行观察的人之一。早在1844年避难巴黎时，他就与恩格斯共同研究圣西门的科学社会主义，并在阅读斯密的《国富论》后写下《经济学哲学手稿》[①]，对资本主义经济制度进行了详细考察。1848年二月革命期间，他受邀再次来到巴黎，给临时政府提出了社会主义改造的建议，后来根据自己对法国社会的观察，总结出历史唯物主义和社会革命理论。只是与勒庞立足于民族禀赋、群体心理角度的研究不同，马克思的理论聚焦在劳动价值等经济因素，主要以经济状况来划分阶级，将人的意识形态倾向归因于所属阶级，并推导出阶级矛盾必然通过暴力革命解决的结论。

与勒庞同一时期，受马克思影响的法国社会主义改良运动理论家让·饶勒斯也写道："资本主义和资产阶级在所有

---

① 又称《巴黎手稿》。

国家的统治是经济发展自然且必然的结果,但资本主义不是永恒的,它造成了一个日益广大和团结的无产阶级,也就造就了一种将会取代它的力量。随着无产阶级大众的增长,新的思想将会在其中传播,从而使解放人类所有制的革命成为可能。"[1]

重建社会结构的愿望:涂尔干对社会主义的解读

对于无产阶级的兴起和社会主义的传播,并非所有观察者都将其归因于特定因素,比如勒庞的种族禀赋理论以及马克思的经济决定论。与勒庞同时代的法国社会学奠基人埃米尔·涂尔干就不强调生物遗传对个人、群体以及社会的影响,相反他认为人类的意识是很多"社会事实"从外部强制作用于个体的结果,比如宗教、道德、法律、习俗、惯例、教育、经济等。

涂尔干继承了奥古斯特·孔德的实证主义社会学研究体系,认为对社会现象及其发展规律的研究应该基于"社会事实"本身,因此在谈到社会主义时,他指出社会主义只是一

---

[1] 见乔治·杜比主编:《法国史》第23章"一种新文明的演进",商务印书馆,2010年。

种理想,而非一门科学。科学需要首先描述和解释"是什么"或者"曾经是什么"这类社会事实,而社会主义理论主要探讨了"应该是什么"这类空洞理想,所以他认为社会主义所依据的"稀少贫乏的材料"与其核心结论之间存在着一条巨大鸿沟。[1]

一方面,涂尔干认为社会主义理论并不是基于"社会事实"的科学理论,但另一方面,他也承认社会主义思想的传播,这一现象本身却构成了必须直面的社会事实。如果说勒庞只看到了19世纪新兴劳工阶级的激情与暴力,那么涂尔干对社会主义和工人运动的观察,重点则在于分析其产生的特定条件,进而探究社会主义的内在本质。

他理解社会主义的核心结论就是:"工人阶级受到不公正的损害,是因为他们直接依赖的不是一般意义上的社会,而是势力强大到足以将自己的意愿强加在工人阶级身上的特殊阶级,即资本家。资本家在购买劳动时,不会根据这些劳动的社会价值,而是以一种尽可能低的价格。""资本家可以迫使劳工以低于实际价值的价格将劳动出卖给他,所以很显

---

[1] 见《社会主义与圣西门》,这是涂尔干于《乌合之众》出版的同一年,在波尔多大学开设的课程的讲义,可参阅《涂尔干文集》第8卷,商务印书馆,2020年。

然，改善工人阶级从属地位的唯一手段，就是通过另外一种力量去削弱资本的权力，这种势力不仅要超出资本，还要能使人们感觉它符合社会普遍利益，因此国家必须成为经济的核心。"

基于对社会主义核心主张的上述理解，涂尔干将其定性为一种"重建社会结构的愿望"，而实现这种愿望的办法，就是重新排布经济在社会有机总体中的位置，使其脱离自动发挥功能的阴影①，暴露在阳光之中，也就是处于国家的有意识控制之中。然而社会主义不可能局限于经济这一有限领域，因此所有类型的社会主义必然会延伸到其他领域，比如政治、道德、文学、艺术等。

正是从"重建社会结构的愿望"这一本质出发，涂尔干明确指出：对劳工阶层苦难的呼号不是社会主义，它只是穷人反对富人这一永恒诉求的变种，这类怨愤永无止境；对私有财产的彻底否定也不是社会主义，因为在社会主义制度下，个人依然拥有保留自己劳动产品的绝对权利；社会主义也不是指个人对集体的从属地位，因为在很多不同类型的社会中

---

① 当时还没有计划经济与市场经济的说法，笔者理解这里指市场机制"看不见的手"，供读者参考。

都要求私人利益服从于社会整体目的；此外，要求把更多的平等引入经济关系以改变工人阶级的状况，也不能体现社会主义的本质，因为它不是社会主义所独有的。

既然以上都不是社会主义的本质特征，那么社会主义为什么会被称为一种全新的社会理论，在19世纪出现呢？涂尔干对此给出的解释是："在现代欧洲，生产已经无法根据消费需求来调节自身，工业集中化已经导致企业日趋庞大，机器的改进剥夺了工人的所有保障，使他们无法订立平等的合同，对于此类情况，社会（或者作为社会最高体现的国家）不能再继续无视。简而言之，社会主义所抨击的只是价值生产和交换的条件，这才是其区别于其他理论的关键之处。"

在社会主义学说出现之后不久，共产主义学说也开始在欧洲传播。作为柏拉图《理想国》的变种，共产主义主张消灭私有财产，以彻底的公有制来消除社会不平等，这受到了欧洲社会各阶层的关注，并与社会主义一起为欧洲工人运动提供了纲领和口号。无论是社会主义的朋友还是敌人，都经常将这两套理论混为一谈，比如马克思和恩格斯就将这两种学说整合在一起，提出社会主义社会的发展方向就是共产主义。涂尔干则指出了这两种学说的截然不同之处。

在《社会主义与共产主义》一文中，涂尔干指出两者的首要区别在于思想与时代的匹配性：共产主义思想古已有之但并不连续，从柏拉图的《理想国》到托马斯·莫尔的《乌托邦》，以及基督教某些教派的共产主义尝试，都从未实现或无法持续，因此共产主义只是一种凌空蹈虚的道德理想，而不是回应当下变革需求的理论创建，它无关于任何时代却又可能在各个时代反复出现；相比之下，社会主义理论从萌芽到出现的时间虽然很短，却真实反映了特定时代、特定阶层的集体诉求，在时代和问题的针对性上，接近于某种经济学或者政治学。

社会主义与共产主义的第二个区别在于，前者主张将经济活动与国家权力联系在一起，认为必须保留作为经济活动之基础的私有财产，共产主义则彻底否定了私有财产，并将国家排除在经济活动之外。涂尔干认为虽然两种理论都有经济组织上的集体主义特征，但其区别仍然十分明显：社会主义主张社会化的组织生产，但不否认个人合法享用自己劳动成果的权利，也就是说消费仍然具有明确的个人属性；而共产主义的个人劳动成果则不归自己所有，要先上交给集体，再由集体来分配，也就是说生产和消费都国有化了。

涂尔干的观点可以概括为：首先，社会主义的起源是因为工人阶级在生产关系中处于不利地位，所以希望国家介入经济活动以改善其境况，这是社会主义理论顺应时代需求而出现的必然性；其次，国家干预经济的可能性主要在于两点，一是受工业化影响，社会经济主体从小规模、分散向大规模、集中转变，国家能找到进行干预的明确目标，二是作为传统等级制度式微的结果，国家摘下了"地上行走之神"的神秘面纱①，俯身贴近了人民。第二点正如勒庞所说："政治上曾经确立的传统、统治者的个人偏好，以及他们之间的争斗，都已经不再重要，群众的声音反而要被优先考虑。"

从群体到公众：塔尔德关于公共传播及其影响的思考

勒庞基于生物遗传的"种族禀赋论"在当时并非没有不同观点，其群体心理学中的"传染与暗示"机制算不上完全原创，而是得益于稍早于他的另外一位社会心理学家，通读《乌合之众》的读者会留意到，他就是勒庞数次提到的著名

---

① 黑格尔：《法哲学原理》，商务印书馆，1961年。

犯罪心理学家和社会心理学家加布里埃尔·塔尔德。

早在1886年出版的《刑事犯罪比较》和1890年出版的《模仿律》中,塔尔德就对生物遗传的犯罪学理论进行了驳斥,并提出了刑事犯罪的"模仿与暗示"机制,以展开对社会环境与犯罪行为之关系的探讨。这两本书对勒庞的影响在此不作讨论,以下部分重点考察两位关于群体心理影响机制的不同观点。

首先,勒庞认为就一个种族或民族而言,决定其行事的主要因素是世代遗传的种族禀赋,这种禀赋以无意识的形式存储在大脑之中并隐蔽地支配着人的行为。塔尔德对这种生物遗传学的心理决定机制持否定态度,他另外提出的"模仿与暗示"机制认为,"模仿"是基于一种"交互思维的心理学",正是通过这种交互思维的模仿,人形成了自己的"思维印记",这些就构成了塔尔德展开研究的"社会事实"。本文前面提到涂尔干认为人的意识主要由外部环境所决定,与遗传和心理学没有关系;塔尔德则主要从个体心理学出发,强调个人的自发性以及与他人和环境的交互影响。两位学者关于这个问题曾有过旷日持久的论战,这里不作细述。

其次,与勒庞对群体行为的不可理喻持悲观态度不同,塔尔德对那个时代出现不久的报纸和杂志寄予了厚望。在辞世半个多世纪后的1969年,他研究媒体、报纸对公众行为影响方面的论文被结集为《论公共传播及其社会影响》[1],由芝加哥大学出版。这本书的第16章是写于1901年的《从群体到公众》("The Public and the Crowd"),作者论述了媒体对群体向公众转型的重大影响,并提出了与勒庞截然不同的结论,他写道:"我不能同意激情洋溢的作家勒庞博士的观点,即我们的时代是'群体的时代',相反这是一个公众的时代,二者完全不同。"

塔尔德认为,印刷、铁路和电报这三项相互助益的发明让媒体拥有了令人畏惧的力量,新奇而伟大的电话被发明,也扩大了演说家和牧师的听众。群体已经不再是通过身体聚集而形成的人群,人类高层级的精神交流以及高等级文化的普及,已经可以跨越时空形成不同于群体(crowd)的公众(public)。他的逻辑是:在旧式群体时代,群体的决策依据因受时间和空间所限很不充分,而信息时代让身处各地、各阶层的群体都能接触到同样的、公开的信息,由此能形成更

---

[1] Gabriel Tarde, *On Communication and Social Influence: Selected Papers* (Chicago & London: University of Chicago Press, 1969).

大范围的、基于某些共同信仰的公众舆论，这就能减少群体之间的诸多暴力与纷争。

他认识到群体和公众是两类极端的社会组织形态，从群体到公众的进化是基于公开传播与思想共振所建立的共同价值观，他说道："这些个体并不是因为他们的多样性以及互益的特征而联合，而是通过表现出自己在本能或后天的相似性，才融合成为一个简单而强大的联合体，一种能让其成员自由发挥个性的、思想和激情的共同体。公众所具有的这种力量要比群体大得多！"

再次，与勒庞渲染群体对历史的影响不同，塔尔德主要强调了精英的引领作用，他所说的精英是指在战功、发明、财富、道德或审美等方面取得卓越成果的那些人。塔尔德认为，一定程度的阶级分化能使精英免受民众的干扰，更加专注于其从事的领域，如果像《乌合之众》中所描述的那样，精英被迫需要服从群体多数的意见，就会出现托克维尔所描述的民主低能效应，也就是说民主机制不能使社会在任何方面有所改进。

前面提到，勒庞群体心理学的"传染"可能是借鉴了塔尔德的"模仿"理论。有必要厘清的是，勒庞的群体"传染"

是指群体成员之间某些观点和认知的复制与传递，而塔尔德所说的"模仿"有其特定的规律与方向，即社会低级、弱势阶层对高级、优势阶层在生活习惯、道德标准、思维方式上的模仿。塔尔德认为，如果社会距离可以用模仿过程所需跨越的社会阶层数量来衡量，那么社会等级差距越大，模仿的社会距离就越远。

最后但也是同样重要的一点，就是塔尔德观察且预言到了媒体对政治的潜在作用，即把传统政党和议会的沟通空间扩大化、公开化了。他指出，在报纸出现之前，政党只能调动区域有限的追随者，议会也只是协商各地区利益的群体机构，但进入媒体时代之后，政党的调动能力不再受到空间限制，政党也有可能成为真正的公共议事机构，从而大幅减少了阶层之间、地区之间的暴力冲突。

尽管政党政治在法国出现较晚，议会制缺乏主流的责任政党，重大决策主要由各种临时、松散的委员会把持，但在"第三共和"期间，法国政局也算相对平稳，经济发展迅速，社会矛盾并没有走向勒庞所担忧的激化和革命。从同期英国的情况来看，费边社会主义理论的兴起和自由主义工党的掌权，也在一定程度上与涂尔干和塔尔德两位的理论推演更为贴近。

前面提到塔尔德写于1901年的《从群体到公众》对理解他和勒庞观点的区别帮助很大，笔者也将其全文重译，并附于本书之中，诸君可以继续深入了解。

三 结语：预言灾祸的先知

通过回顾《乌合之众》的时代背景，并将其与同时代的作品参照，我们可以从历史和社会学的角度反观当时蓬勃兴起的劳工阶级和风起云涌的社会主义，概要言之就是：勒庞着重研究情感、无意识、种族禀赋的影响；涂尔干侧重于个人理性、社会秩序、外部权威的作用；塔尔德则从个人出发，探讨了个人的发明、模仿、传染，以及报刊媒体对社会的潜移默化之改良。三位先贤观点交锋的电光石火，不仅能让读者更加清楚地了解当时法国乃至整个欧洲的困境，对我们理解当下的世界也多有裨益。

勒庞准确预见了无产阶级的兴起及其威胁性，只是他所担心的暴力革命并没有率先在工业最发达的国家出现，反而在工业不发达的俄国爆发，并引发了燃遍世界的熊熊烈火。社会主义在西欧和北美的境况，则侧面验证了涂尔干对这一新兴理论的解读，以及塔尔德对公共传播及其社会影响的推论：一方面劳工阶层关于将国家干预引入经济的诉求得到了掌权者的重视，虽然社会主义作为一种意识形态被摒弃，但各国都吸收其元素进行了国家制度的改良；另一方面，公共传播的普及也促进了公众与政府的沟通，有利于促成阶层之间的意见交流，这些措施都为缓解阶级矛盾和避免暴力革命提供了可能。

法国大革命之后，法兰西民族作为一个巨大的群体，曾长期徘徊于两个极端的虚空梦幻中，一个是对专制王权之下社会秩序的被动指望，一个是对凌空蹈虚之自由民主的主动追寻，然而在经历百余年的探索之后，终于如涉春冰地走上了宪政共和之路。在这个过程中，由于工商业发展和海外殖民扩张，当然更主要是由于国家基础政治制度的改良，法国已经从传统农业社会变为富裕的工业社会，大量产业工人因收入的提升、生活的改善，避免了沦落为无产阶级的命运，阶级矛盾得到缓和，最终走出了马克思的预言。

然而本书出版后的数十年间，勒庞所震惊恐惧的群体暴力、阶级对抗引发的革命、意识形态敌对导致的战争，确实山摇地动一般吞噬了很多国家和民族，无数惨绝人寰的悲剧远超勒庞书中所描绘的情形。从这个角度来看，勒庞的确就像《旧约》里耶利米、以西结等预言灾祸的先知，这或许可以作为对本文开篇所提疑问的回答。

原 序

本作品将专注于阐释群体的特征。

遗传赋予了种族中所有个体某些共同特征，这类特征的总和就构成了这个种族的禀赋（genius）。然而如果种族中的一部分人被聚集为一个以行动为目的的群体，那么聚集的事实本身就可以证明某些新的心理学特征已经产生，并被添加到种族特征之中。这种心理学特征甚至可能与种族原有特征有很大差异。

有组织的群体在人们生活中长期扮演着重要角色，但这个事实从来不曾演变成目前这种情形，即群体无意识行为对个体有意识活动的取代，已经成为当下最重要的时代特征之一。

我尽量以一种纯科学的方式来考察群体所引发的棘手问题，就是说我将有条不紊地独立推进研究，避免受到其他观点、理论和学说的影响。我坚信这是抵达或找到少许真理的唯一途径，在处理某个极富争议的问题时尤其如此。当一个人致力于验证某种科学规律之时，他就不应该被要求去关心其结果可能损害到的利益方。但在最近一份出版物中，著名思想家戈布特·阿尔维埃拉先生说我不属于当代任何学派，因为我经常与他们的各种结论格格不入。我希望这部新作也配得上阿尔维埃拉先生同样的评论，毕竟如果要归属于一个学派，就必然要赞成其所有的偏见和臆断。

不过我还是有必要向读者解释一下，为什么阿尔维埃拉先生会发现我从调查中得出的结论，初看来总是让人难以接受。例如，为什么即使留意到被挑选组建群体的个体思维都相当低级，而且这种低级也真实存在，我仍然确信干涉其组织的行为相当危险。

对历史事实的细心观察让我坚信一点，社会有机体就好像其他生物一样复杂难解，我们的能力还远不足以迫使其发生一次重大、突发的改变。自然界有时会以激进的方式发生突变，但绝不是通过人类采用的那种激进方式。这就解释了为什么对一个民族来说，没有什么东西比对伟大改革的畸形狂热更致命，无论这些改革的原则看起来多么美好。只有在能瞬间改变民族禀赋的前提下，这些改革及其原则才会发挥预期的作用，遗憾的是这种改变的力量只为时间所拥有。人都是被观念、情感和习俗支配，这是人的本质。制度和法律只是我们性格特征的外在表现，是我们需求的表达。制度和法律作为因果逻辑中的结果，并不能反过来改变民族的性格特征。

研究社会现象，不可能完全独立于作为研究对象的特定民族。从哲学角度看，这些现象可能具有某种绝对价值，但在实践中它们只具有某种相对价值。

因此在研究一种社会现象时，有必要从两个截然不同的方面依次考虑，然后我们会发现纯粹理性的指引往往与实践理性完全相反。几乎所有领域都遵循这一反差规律，物理学也不例外。从绝对真理的角度来看，立方体或圆都是恒定的几何图形，由某些公式严格定义；但从其给我们留下的视觉印象来看，这些几何图形则可能呈现出截然不同的形状。比如从透视法角度看，立方体可以转换成金字塔形或正方形，圆可以转换成椭圆或直线。更重要的是，对虚相①的研究远比对其实相②的研究重要得多，因为我们所能看见、摄制和绘画出来的就是虚相，也只有虚相。在某些情况下，虚相比实相更接近真理。③以精确的几何方式呈现物体可能会扭曲其本性，使其无法辨认。让我们想象这样一个世界：那里的人只能复制或拍摄物体，却不能触摸它们，那么人们对物体的形态将很难有确切认识。此外，这种关于形态的物理知识只有少数学者才能掌握，多数人对此兴趣不大。

研究社会现象的哲学家应该牢记，对社会现象的研究不仅具有理论价值，也同时具有实践价值，但就文明的进化而言，后者可能是唯一重要的价值。对这一事实的认知，能让研究者更加审慎地看待其各种研究结论的默认前置条件。

还有其他原因同样也要求研究者保持审慎——社会事实的复杂性就是原因之一，它使人不可能将社会视为一个整体来理解，也不可能预判各个事实相互影响的后果。在那些可见的事实背后，可能隐藏着成千上万看不见的原因；那些可

---

① 这里指实际的物体。——译注（如无特别标明，本书注释均为译注）
② 这里指几何学的相关公式与理论。
③ 虚相与实相的区分可参考希腊古典哲学。

对虚相的研究远比对其实相的研究重要得多，因为我们所能看见、摄制和绘画出来的就是虚相，也只有虚相。在某些情况下，虚相比实相更接近真理。

见的社会现象可能是很多无意识行为共同作用的结果,我们通常很难对其进行分析。可感知的现象就好比波浪,波浪虽然出现在海洋表面,但至于波浪的成因,我们必须承认,我们对海洋深处的震荡原因一无所知。就其大多数行为而言,群体普遍表现出明显的低级思维能力,但他们的另外一些行为却又似乎为某些神秘力量所引导,这些力量被古人称为命运、自然或天意,我们称之为亡灵的声音。我们可以假装不去探究其本质,但无法忽视其力量。在民族的内在本质中经常存在某种蛰伏的力量引导其行为。例如,还有什么能比一门语言更复杂、更合乎逻辑,却又更不可思议呢?除了作为群体无意识之禀赋的杰作外,这种逻辑条理令人惊叹的作品是从哪里来的呢?最渊博的学者,最受尊敬的语法专家,也只能记录影响语言的规则,而完全无法创造它们。至于那些伟人的思想,我们能确定其完全是他们自己大脑的产物吗?这样的思想毫无疑问总是源于独立的头脑,然而不正是群体禀赋所形成的万千尘埃,共同构成了思想成长的土壤吗?

群体毫无疑问总是无意识的,但这种无意识也许正是其力量的秘密所在。自然界的所有生物都完全处于本能支配之下,才得以完成那些复杂性令人叹为观止的神奇行为。理性作为人类的特性，因为出现时间太短且很不完善，所以还无法为我们揭晓那些无意识的法则，更无法取而代之。在我们的所有行为中，无意识主导的部分是巨大的，理性主导的部分却非常小。无意识的行为作为一种未知力量无所不在。

如果我们仍希望驻留在狭小但安全的界域之内，以便利用科学获取知识，而不是在含混猜度和凭空假设的旷野茫然无措，那么必经之路就是留意那些我们所能理解的现象，并将自己的研究限定于对它们的关切。我们从观察中得出的所有结论通常都会失之草率，因为在我们亲眼所见的表象背后，是模糊难辨的另外的现象，甚至在其背后，还有我们完全没有察觉的其他线索。

导言
群体的时代

提要：

当下时代的演进 | 文明的巨大变化是民族思想变化的后果 | 对群体力量的现代崇拜 | 群体改变了欧洲国家的传统政策 | 大众阶级如何崛起，以及其行使权力的方式 | 群体权力的必然后果 | 群体在破坏之外别无他能 | 衰败文明的解体是群体的杰作 | 对群体心理的普遍无知 | 研究群体对立法者和政治家的重要性

以罗马帝国的崩溃和阿拉伯帝国的崛起为例，发生在文明剧变之前的大动荡乍看似乎都主要由政治变革、外敌入侵或王朝更替所引发。对这类事件更为深入的研究则表明，这

些表象背后的真正原因通常是人民观念的深刻改变。真正的历史动荡并不是那些让我们震惊的宏大和暴力，唯一重要的变化是文明更新带来的对观念、认知和信仰的冲击。历史上那些激动人心的事件都只是人类思想中不可见的变化所带来的可见的后果。这些伟大事件之所以如此罕见，是因为在人类赖以存在的根基之中，没有什么比思想的传承更为稳定。

当下正是人类思想经历转变的关键时刻。

这一转变的前提包含两个基本变量。第一个是宗教、政治和社会信仰被毁坏，这些正是我们文明所有要素的根基所在；第二个是现代科学和工业发明为人类的生存与思想提供了全新的土壤。

旧的思想体系虽然已被摧毁大半，但仍然非常强大，将要取而代之的思想体系仍在形成过程中，因此所谓"现代"，就意味着一种过渡和混乱的状态。

现在还不好预判未来会从这个必经的混乱时期中演变出什么，将要继承当下社会的新社会又将建立在怎样的基本观念之上。虽然我们目前对这些问题还一无所知，但已经可以确定的是，无论未来的社会将如何被组织起来，必然都要倚赖一种新的力量，也是现代社会最后幸存的主导力量，即群

导言　群体的时代

体的力量。许多思想，从前被视作理所当然，如今却趋于腐烂，许多权威，也已被持续不断的革命摧毁，正是在这些废墟之上，有一种力量成为它们的继任者横空出世，而且似乎很快就会吸蓄其他各种力量。当我们所有古老的信仰都摇摇欲坠或濒临绝迹，当社会原有的支柱接二连三垮塌，群体却不仅是唯一没有受到威胁的力量，而且其声望还在持续提升，据此就可以说，我们即将进入的时代，就是"群体的时代"。

几乎不到一个世纪前，还只有欧洲国家的传统政治和主权国家之间的对抗才是影响历史的主要因素，群众的意见则很少被纳入考虑，最常见的情况是根本不需要考虑。但在今天，政治上曾经确立的传统、统治者的个人偏好，以及他们之间的争斗，都已经不再重要，群众的声音反而要被优先考虑。这个声音向国王宣告了他们的行动，国王需要认真听取他们的诉求。国家的命运正由民众的领袖详细规划，而不再由王公贵族的御前会议商议决定。

大众阶级进入政治领域，也就是说他们在现实中逐渐转变为执政阶级，这构成了我们这个过渡时代最显著的特征之一。普选制已经施行了很长时间，然而收效甚微，它曾被视为政治权力转移的主要特征，但事实并非如此。群众力量的逐渐增长，首先是由于某些观念通过传播慢慢植入其思维，后来是逐渐通过那些身体力行的结社群体将理论认知逐渐实现。正是通过结社，群众才获得了关于其自身利益的观念，即使这些观念并非特别公正，但它已被明确界定过，群众已经认识到了自己的力量。他们创建工团组织，让各色权威依次屈服，他们组建劳工联盟，罔顾一切经济法律以确保工人的状况和收入。他们又来到那些能够给政府授权的会议，这些会议派出的代表完全不具备自主性和独立性，只能成为选举出他们的委员会的扯线木偶。

现在群众的诉求越来越尖锐和明确，基本等同于要彻底摧毁现存的社会，这让人回想起原始共产主义，它是所有人类团体在文明曙光到来之前的常态。劳动时长的限制、矿山铁路工厂和土地的国有化、所有产品的平等分配，为了大众阶级的利益而消灭所有上层阶级，等等，这些就是群众的诉求。

群体不擅于推理（reasoning），然而他们行动迅猛。在目前的组织之下，他们的力量已经变得势不可挡。我们所见证诞生的新教义，很快就会拥有与旧教义相同的力量，也就是拥有那些曾经不容置疑的暴政和君主的力量。群众的神圣权力即将取代国王的神圣权力。

那些一心想赢得中产阶级青睐的作家，也就是那些最能代表中产阶级狭隘思想、传统观点、肤浅怀疑，以及不时过度自负的作家，对其所看到的日益增长的群体力量表现得极度恐惧。为了平复人们心中的慌乱，他们正绝望地求告于自己曾经十分鄙夷的教会道德力量，向我们高谈科学的破产，意欲在忏悔中回归罗马教廷，并唤醒我们关于启示真理的教导，但这些临时起意的皈依者已经为时太晚。即使他们真是被上帝的恩典感动，这样的行为也不可能对那些心不在焉的灵魂产生同样影响，这让他们深受其苦。群众今天公开推倒的众神，就是他们的劝诫者昨天否定并协助摧毁的众神。无论是神圣的还是人类的力量，都不可能让河流重返它的源头。

科学没有破产，它既没有陷入思想上的无政府状态，也没有在无政府状态中助长新力量的兴起。科学向我们承诺的只是真相，或者至少是我们所能掌握的知识，它从来没有承诺我们和平或幸福。科学超然于我们的情感，对人类的哀号充耳不闻，但我们只能与科学一起苟活，因为已经没有什么能够带我们回到那些被它摧毁的幻象。

所有国家随处可见的症状，都向我们证明了群体力量的迅猛增长，并且否定了它很快就会停止增长的侥幸推测。无论它为我们预留了怎样的命运，人们都只能臣服，所有反驳它的理由都只是徒劳的口水之争。当然群众权力的出现，有可能是西方文明晚期阶段的标志，也就是说社会即将完全回到混乱的无政府状态，这似乎注定是每个新世界诞生的先声。这一结果可以避免吗？

迄今为止，彻底摧毁一个衰败文明，已经成为群众最显而易见的任务。事实上这一切并不是从今天才开始的。历史告诉我们，从文明赖以生存的道德力量失去约束力的那一刻起，它最终的解体就已经由那些无意识的残暴群体所启动，我们有足够理由认为这些人就是野蛮人。迄今为止，所有人类文明都只是由少数智慧的贵族而不是群体所创造和引导，群体只有强大的破坏力，由他们掌权的统治永远等同于原始阶段。一个文明必须包括固定的规则和纪律、从本能到理性状态的转变、对未来的筹划和某种高等级的文化，而当所有这些工作留给群体的时候，任何一样他们都无法完成。由于其力量只具有纯粹的破坏性，群体的行为就像那些加速腐烂之物或尸体消融的微生物一样。每当一个文明的结构开始腐烂，正是群众使其最终瓦解，也只有在这样的时刻，他们的使命才凸显无疑，在这段时期，人数哲学似乎成了唯一的历史哲学。

我们的文明也将面临同样的命运吗？确实有理由担心这就是事实，只不过目前还不能完全确定。

但无论如何，我们都注定要臣服于群众的统治，由于缺乏远见，群体已经相继挪开了可能制约行事的所有障碍。

我们对群体知之甚少，但这已开始成为众多讨论的焦点。心理学专业学者的生活远离各种群体，因此总是忽略他们，而当其最近把注意力转至这个方向时，也只考虑到群体可能犯下的罪行。犯罪群体的确存在，但富于德行的和英雄般的群体，以及许多其他类型的群体都值得研究。群体的犯罪只是他们心理的一个特定方面。研究群体的思维构造不能只是研究他们的罪行，否则就像仅通过恶习来描述一个人一样。

实际上，世界上所有领袖、宗教或帝国的缔造者、信仰的使徒、杰出的政治家，以及某个更小范围内的小团体的首领，都无一例外是无意识的心理学家，他们都拥有一种本能的但往往也是明确的关于群体特征的知识，这使他们很容易确立其主导地位。拿破仑对他统治的群众心理就拥有惊人的洞察，但他经常完全误解其他民族群众的心理[①]，正因如此，在西班牙，尤其是在与俄国的冲突中，他的权力受到严重打击，并注定很快就会被摧毁。

对群体心理的了解，如今已成为政治家们最后的救命稻草，这些政治家已经不指望继续统治群众，因为这几乎是不可能的，但他们由衷希望无论如何不要由群众来过度统治。

只有洞察群体的心理，才能理解法律和制度对他们来说是多么不值一提，才能知道除了那些强加于他们的意见之外，群体是多么难于坚守任何意见，才能晓得引导群体的从来不是任何公正的原则，而是那些能打动和引诱他们的东西。例如一个希望设立新税种的立法者，是否应该选择理论上最公正的税收呢？绝非如此。实际上最不公正的税收对大众来说反而可能是最好的，如果它同时也最不惹眼，看起来税负最轻，那么它就最容易被通过。正是出于这个原因，间接税无论多重都将永远被群体接受，因为每天只对消费金额征收四

---

① 拿破仑最机灵的顾问也未能更了解这种心理。塔列朗写信给他说"西班牙将把拿破仑的士兵视为解放者"，但实际上西班牙把他们视为猛兽。熟悉西班牙种族遗传本能的心理学家就很容易预见到这种情况。——原注

导言　群体的时代

分之一便士的税，根本不会打乱群体的消费习惯，很容易在不经意间被通过。而对任何其他类型的工资或收入按比例征税，并一次性支付，哪怕其税负在理论上只有前一税种的十分之一，也会激起一致的反对。这是基于以下事实：一个相对较大的金额，看起来意味着一大笔钱，这会刺激人们的想象，而这些税种被那个不引人注意的四分之一便士取代了。只有用化整为零的办法来实施新税种，才会让税负显得轻松，此类经济事务包含的很多远见是群众无法拥有的。

前述例子非常简单，它的适用性也很容易理解。它逃不过拿破仑这样的心理学家的审视，但我们现代的立法者却对群体的特点一无所知，不能理解这一点。经验还没有充分教会他们的是，人们从不根据纯粹理性的教导来行动。

许多其他实际应用也源于群体心理学，这门科学的相关知识生动地揭示了许多历史和经济现象，如果没有它，这些现象就完全无法理解。我也想借此机会解释，现代最杰出的历史学家丹纳[①]之所以对法国大革命的理解如此欠缺，就是因为他从来没有想到过研究群体的禀赋。在对这一复杂时期

[①] 伊波利特·丹纳（Hippolyte Taine，1828—1893），19世纪法国著名文艺理论家和史学家，历史文化学派奠基者，著有《现代法国的起源》《艺术哲学》等。

的研究中，他采用自然科学家的描述性方法作为向导，但问题在于自然科学家必须研究的现象中，道德力量几乎不存在，然而正是道德力量构成了历史的真正主线。

因此即使仅从实践的角度看，对群体心理学的研究就值得尝试，即使研究者的兴趣仅仅出于纯粹好奇，它也仍然值得关注。解读人类行为的动机，就像弄懂一种矿物或植物的特征一样有趣。我们对群体禀赋的研究目前还只是一个梗概，只是我们调查报告的摘要和一些尝试性的观点，其他人可以据此进行更深入的研究。我们今天所接触到的，只不过是类似荒原土壤的表层而已。

第一卷

群体的思维

第一章

群体的整体特征

思维一致性的心理学法则

提要:

从心理学角度看,是什么构成了群体 | 人数众多的个体聚集尚不足以构成群体 | 心理学群体的独有特征 | 构成群体的个体在思想和情绪上向固定方向转变,以及其个性的消失 | 群体总是由无意识的思维来主导行为 | 大脑思维的消失和脊髓活动的主导 | 智力的降低和情感的转变 | 转变后的情感可能比组成群体的个体的情感更好或更坏 | 群体成为英雄和成为罪犯同样容易

在通常意义上,"群体"指的是不论何种民族、职业、性别的个人因何种机缘而形成的聚集。然而从心理学角度看,

"群体"则具有完全不同的含义。在某些特定情况下，而且也只有在这种情况下，多人的集结才会呈现出与构成它的个体非常不同的新特征。聚集者中所有人都在情感和观念上采用了统一模式，他们各自有意识的个性消失了。一种集体的思维形成了，虽然无疑是暂时的，但其特征可以被明确界定。在没有更好描述方式的情况下，我将其称为"有组织群体"，如果换个更准确的词，我也可称之为"心理学群体"，因为它构成了单一实体，并服从于"群体思维一致性的法则"。

显然不能仅因为许多个体聚集在一起这个事实，就认为其具备"有组织群体"的特征。从心理学角度看，即使上千人偶然聚集在一个公共场所，只要其没有任何确定目的，就根本不构成群体。要使这类群体具备"有组织群体"的特征，就必须有某种预设的诱因对其产生影响，而且我们必须能识别这种诱因的性质。

有意识的个性消失，以及群体感觉和思想向一个明确方向转变，这才是即将成为"有组织"之群体的首要特征，可见它并不一定要求许多人同时出现在同一个地方。成千上万独立的人也可能在某些时刻，在某些强烈情感（比如国家重大事件）的影响下获得"心理学群体"的特征，在这种情况下只要将其聚在一起，他们的行为立刻就呈现出"群体行为"的所有特征，那就满足了成为群体的条件。在某些时候，六个人就可以构成一个"心理学群体"，但如果数百人只是偶然聚集，"心理学群体"就不太可能出现。另一方面，整个国家的人口虽然难有明显聚集，但在某些影响下也可能成为一个群体。

"心理学群体"一旦形成，它就获得了某些暂时的但可以识别的整体特征。在这些整体特征之外，各群体还有某些附属的具体特征，这些特征随群体构成的要素而变化，并有可能改变群体的思维构造。"心理学群体"很容易被分类，当我们着手研究这个问题时，就会看到异质群体（即一群具有不同基础特征的人）与同质群体（即一群在宗教、等级和阶层方面大致类似的人）既呈现出某些共同特征，也具备可以相互区分的独特性。

在开始研究不同类别的群体之前，我们首先必须要考察它们的共同特征。我们将像自然科学家一样着手工作，首先描述一个家族所有成员的整体特征，然后再去考虑那些能够将家族进行属、种区分的特殊附属特征。

准确描述群体思维并不容易，因为它的组织不仅因种族和构成而异，而且还因群体接受的兴奋因子的性质和强度而不同。同样的困难也出现在对个体的心理学研究中。人只有在小说中才会以不变的性格度过一生，也就是说只有环境的同一性才造成性格的同一性。我在其他地方提出过，所有的思维构造都包含着性格的可能性，这些可能性或许会在环境突变的情况下出现。这就解释了为什么在法兰西国民公会①里最野蛮的与会者，在通常情况下谁都不是恶意的市民，相反都是平和的律师或者道德良好的地方官员。风暴过后，他们又恢复了安静、守法的普通公民特征。拿破仑在他们中间找到了最温顺的仆人。

因为不可能对群体组织进化的次第等级展开全面研究，所以我们将聚焦那些已经达致完备组织阶段的群体。这样我们就能看到群体会演变成什么，而非他们一成不变的是什么。只有当组织发展到这个高级阶段，某些新的、独有的特征才被叠加到种族稳定和主导的特征之上，然后才会发生前面提到过的，集体的感觉和思想向同一方向转移。也只有在这种

---

① 法国大革命时期的最高立法机构。国民公会颁布了一系列重大政策，包括废除王权、处决国王路易十六等。

情况下，我所称的"群体思维一致性的心理学法则"才会发挥作用。

群体的心理特征有一些可能与独立的个体相同，另一些则为群体所特有，而且只可能在群体中发现。我们首先就来研究群体的这些独有特征，以突出其重要性。

"心理学群体"表现出的最显著特征如下：无论组成群体的个体是谁，也无论其生活方式、职业、性格和智力如何，被转化为群体的事实就让他们拥有了一套集体思维，这使他们感知、思考和行动的方式完全不同于他们作为个体处于独立状态的时候。有些思想和情感只有在个体转化为群体之后才会出现，或者转变成行动。"心理学群体"就是由异质成分构成的暂时实体，它们组合在一起就像构成生命机体的细胞通过"重组"形成一个新实体，并表现出迥异于单体细胞的特征。

赫伯特·斯宾塞称得上是敏锐的哲学家，但与他那些令人诧异的观点相反，构成群体的个体之间本质上无法求和，也无法平均。群体是真正产生并稳定具备了新特征的组合体，就像在化学中某些元素结合（例如酸和碱发生化学反应）形成的新物质，它具有与形成它的元素截然不同的特性。

不难证明组成群体的个体与独立存在的个体之间有巨大区别，但要找出这种差别背后的原因却绝非易事。

为了对其有所了解，首先就必须牢记现代心理学已确立的真理，即无意识现象不只在有机生物中占据总体的主导性优势，在思想运行中也同样如此。与思维中无意识的活动相比，有意识的活动并不重要，但即使是最聪明的研究人员和最敏锐的观察者，也仅能觉察到决定自身行为的极其少量的无意识动机。我们的有意识行为也是源于遗传性影响在思维中创建的无意识底层。这个无意识底层包含了代际相传的无数共同特征，这些特征构成了一个种族的禀赋。在公开声明的行为原因背后，无疑存在着未被发觉的秘密原因，而在这些秘密原因后面，还有许多我们未曾察觉的隐秘缘由。我们的日常行为，大部分都是自己无法观察到的隐秘动机的结果。

使同属一个种族的所有个体彼此相似的，主要是那些构成了种族禀赋的无意识要素，然而使种族中个体表现出差异的，首先是其性格特征中的有意识要素，比如教育的结果，其他则更多取决于例外的遗传状况。智力方面差异巨大的个体，也拥有非常相似的本能、激情和感觉。在情感领域中——比如宗教、政治、道德、喜爱和仇恨等——最杰出者也很少超过最普通者的水平。从知识角度来看，伟大的数学家和鞋匠之间可能存在一道鸿沟，但从性格角度来看，这种差异通常小得可以忽略。

准确地说，性格中的那些普遍特征由我们无意识的力量支配，种族中大多数普通人程度相似地拥有这些特征，正是这些特征在群体中构成了大家的共同属性。在集体思维中，个人的思想能力和个体特征都因此被削弱了。异质性被同质性淹没，无意识特征就占据了上风。

群体普遍具有平淡无奇的特征，这一事实解释了为什么他们永远无法完成需要高度智慧的行动。影响大众普遍利益的决策经常由各领域专家组成的群体做出，但他们的决策并没有显著优于一个低能群体所做的。事实上，群体只能用自己与生俱来的平庸能力处理手头的工作。群体中积累的是各人的愚蠢，而非博采众长的智慧。人们经常说"整个世界比伏尔泰更聪明"，但如果"整个世界"是指一个群体，就应该是"伏尔泰比整个世界更聪明"。

正如我们前面探讨过的，如果把群体成员各自平淡无奇的特征汇总在一起，那也只是呈现一种更显而易见的平庸，而不是新特征的创造。那么新特征是如何被创造出来的？这就是我们现在要着手研究的问题。

多个原因决定了这些特征乃是群体所独有，而非独立的个体所拥有。第一个原因是人数。仅从人数考虑，构成群体的个人就获得了一种不可战胜的权力感，这允许他顺从本能行事，而如果他是独自一人，必然会抑制这种本能。群体中的他则不太愿意克制自己，因为他在群体中是匿名的，也就是不用负责任的，所以那种一直支配着个体的责任感就完全消失了。

第二个原因是传染。传染也参与决定了群体独有特征的显现，同时也决定了群体可能采取的趋势。传染是一种很容易识别的现象，但并不容易解释。它肯定要被归入催眠式命令，我们稍后将进行研究。群体中每一种情感和行为都具有传染性，其程度之强烈，以致个体很容易做出为集体利益牺牲个人利益的决定。这是一种与人之本性相悖的倾向，除非成为群体的一部分，否则个体不具备这种能力。

第三个原因，也是最重要的原因，它决定了群体中个体呈现出专有特征，这些特征经常与独立个体呈现的特征完全相反。我指的这个原因是"易受暗示的特性"，上面提到的"传染"就正好是这种"易受暗示的特性"的结果。

要理解这一现象，就有必要记住最近在生理学方面的新发现。我们现在知道，通过一系列步骤，个体可能会陷入这样一种状态，即失去自己有意识的人格，完全服从其操控者的所有建议，做出与原本性格和习惯完全相悖的行为。细致的观察似乎可以证明，当个体在群体行动中沉浸一段时间后，很快就会发现自己处于一种特别状态，类似被催眠的人在催眠者手中的"入迷状态"，这也许是群体所施予魅力的影响，也许是出于其他我们无从得知的原因。在被催眠的情况下，大脑活动瘫痪，被催眠者成为其脊髓无意识活动的奴隶，供催眠者随意引导。被催眠者有意识的人格完全消失，意志力和洞察力也不复存在，所有的感觉和思想都倾向于催眠者决定的方向。

以上情形也与构成"心理学群体"的个体状态相似，个体对自己的行为已经没有意识。个体在这种情况下就与被催眠者一样，某些能力被摧毁，另外一些能力则被大大强化。在某个"暗示"的影响下，他会带着无法抑制的冲动去完成某项任务。这种在群体状态下的冲动比在被催眠状态下更加不可抗拒，原因在于暗示对群体中的所有人都是一样的，因此它还能通过彼此之间的"互动"增强力量。群体中那些拥有强大个性来抵制暗示的人太少，无法与趋势对抗。他们顶多能尝试以不同的暗示来偏离原有暗示，例如一句合宜的话，或者一个被恰当唤起的画面等，这种方式偶尔会阻止群体做出最嗜血的行为。

现在我们看到，有意识人格的消失、无意识人格的主导、情感和思想按照暗示和传染的指引转向同一方向、将被暗示的想法立即转化为行为的倾向，这些就是构成群体的个体的主要特征，人不再是自己，而是变成了一个扯线木偶，不再受自己的意志引导。

此外，仅仅成为"有组织群体"的一部分这个事实，就让一个人在文明的阶梯上滑下了几级。在独立存在之时，他可能是有教养的人，但在群体中，他成了野蛮人，即凭本能行事的某种生物。他拥有原始人的那种天性、暴力和凶残，也有类似的激情和英雄气概，倾向于被语言和画面感动，也易于被引诱做出有违其最显著利益和最突出习惯的行为，这些特征在独立个体身上完全不存在，却让群体中的个体更接近于原始人。群体中的个体只是众多沙子中的一粒，随风而动。

正是出于这些原因，陪审团才可能集体做出每个陪审员

在独立存在之时,他可能是有教养的人,但在群体中,他成了野蛮人,即凭本能行事的某种生物。他拥有原始人的那种天性、暴力和凶残。

作为个体时都不赞成的裁决，议会才能通过每个议员作为个体时都不赞成的法律和政策。参加国民公会的人也都是热爱和平的高素质公民，可是一旦被联合为"群体"，他们就毫不犹豫地赞同最野蛮的提案，把无辜之人送上断头台，同时甚至有悖自身利益，放弃自己的不可侵犯性，自相残杀。

群体中的个体与其自身行为有本质上的不同，甚至在个体完全失去独立性之前，他的思想和情感就经历了转变，这种转变如此深刻，以至于足以把吝啬鬼变成败家子，把怀疑论者变成虔敬信徒，把诚实之人变成罪犯，把懦夫变成英雄。在1789年8月4日的庆祝之夜，法国贵族一时意气风发地投票声明集体放弃所有特权，但无疑，任何贵族成员都不会单独同意。

从前面论述得出的结论是，群体在智力上总是不如独立个体，从情感及其能激起的行为角度来看，群体可能比个人更好或更坏，这要依情况而异，一切都取决于群体接受的暗示的性质。那些仅从犯罪角度来研究群体的作者完全误解了这一点。群体有时是罪犯，但也经常是英雄。只有群体，而非独立的个人，能被劝说冒着死亡的风险来争取某种信条或思想的胜利；只有群体，能够被荣誉与尊严点燃热情；也只有群体，能在十字军东征时代，在几乎没有面包和武器的情况下，把基督的坟墓从异教徒手中解救出来，又或者在1793年保卫祖国。[①] 这种英雄主义无疑在某种程度上都是无意识的，但历史正是由这种英雄主义所创造。如果人民的伟大功业都被归因于冷血无情，那么世界历史对他们的记载将会寥寥可数。

[①] 1793年，路易十六被处决，之后法国国民公会对英国、荷兰和西班牙宣战。

第二章
群体的情感和道德

提要：

一　群体的冲动、易变和易怒

群体易受外界各种刺激因素的影响，并随之不断变化｜群体所服从的冲动是如此专横，以至于不能容忍个人利益｜群体不擅预先谋划｜种族的影响

二　群体容易轻信，又极易接受暗示

群体对暗示的服从｜群体思维中被唤起的画面会被当作事实接受｜为什么这些画面对群体的所有人来说都相同｜受过教育的人与无知的人在群体中表现一样｜群体中的个人受各种幻象支配的例子｜不可相信群体的见证｜众多

证人意见的同质性是证明事实最糟糕的证据 | 历史著作价值甚微

三 群体情感的夸张与简单
群体不接受质疑和不确定，总是走向极端 | 群体的情感总是泛滥

四 群体的不宽容、专制性和保守性
产生这些情感的原因 | 群体面对强势权威时的奴性 | 群体短暂的革命本能并不能使其免于极端的保守倾向 | 群体本能地厌恶变化和进步

五 群体的道德
群体的道德可能远高于或者远低于个体的道德，这取决于其行为所服从暗示的性质 | 解释和举例 | 群体很少被有关利益的考虑引导，而这往往是独立个体的唯一动机 | 群体的道德教化作用

前面已经从整体上指出了群体的主要特征，但这些特征

的细节还有待深入研究。

以下即将谈到的是群体的几个专有特征，比如冲动、易怒、推理能力弱、缺乏辨别力或批判精神、情感夸张等。这些特征几乎总能在生物的较低进化状态中观察到，比如女性、野蛮人和儿童。我只是附带做出以上类比，对它的论证不属于本研究的范畴。况且对熟悉原始人心理的人来说这个比喻作用不大，而那些对此一无所知的人则不会相信。

现在，我要对那些能在多数群体中都可以观察到的特征展开研究。

一 群体的冲动、易变和易怒

在研究群体的基本特征时，我们曾讲过，它几乎完全由无意识动机所引导。群体行为更容易受到脊髓而不是大脑的影响，在这方面他们与极其原始的生物类似。然而就执行过程而言，群体的行为堪称完美，但那不由大脑所支配，群体中的个人只会根据其所屈从的兴奋因子来调整自己的行为。群体受到外界各种刺激因素的影响，并随之不断变化，他们是其所受冲动的奴隶。独立的个体可能与群体中的个体接受到同样的兴奋因子，但大脑告诉他屈从意味着有失明智，于是他克制了冲动。用生理学的语言来解释这个真相，就是独立的个体拥有控制反射行为的能力，而群体中的个体则缺乏这种能力。

群体所服从的各种冲动取决于不同的兴奋因子，但无论该兴奋因子是仁慈还是残忍、英勇还是懦弱，这些因子都同样影响巨大，所以即使是自我保护的个人利益，也完全不能与之抗衡。因为施加于群体的兴奋因子种类繁多，而群体总是服从于它们，所以群体必然表现得极端多变。这就解释了为什么我们看到群体会在转瞬之间从最嗜血的凶残变为极端的仁慈和英勇。群体很容易扮演刽子手的角色，也同样容易成为殉道者。正是群体，为每一种信仰的胜利提供了注定的鲜血洪流。如果想知道群体在这方面的能力，根本没有必要回到那个殉道的时代。群体从不在暴乱中吝惜自己的生命，如果某位将军[1]突然广受爱戴，那么只要他愿意，他很快就会找到十万人为他所谓的事业牺牲。

群体随时可能会被最矛盾的情感鼓动，因此他们不可能

---

[1] 此处指乔治·欧内斯特·布朗热（Georges Ernest Boulanger，1837—1891）。布朗热作为一名法国将军，在普法战争期间保卫了巴黎。19世纪80年代末，他利用反德情绪妄图在法国实行军事独裁。

拥有任何预先谋划的能力，他们永远受到当下那些兴奋因子的影响，就像树叶随暴风雨摇晃，无序飘散，然后坠落。在稍后研究某些革命群体时，我们将列举一些他们情感变化的例子。

群体这种易变性，使得他们在掌握公共权力之后很难胜任统治的工作。如果不是日常必需品自动构成社会无形的生存调节器，民主政权就难以为继。群体的愿望总是很热切，但并不持久。群体既没有能力选择应该做的事，也没有能力在任何时间维度上进行思考。

群体不仅冲动和易变，还像野蛮人一样不愿意接受介于其欲望和欲望实现之间的任何中间状态，也缺乏能力来理解这种阻碍，因为人数的优势给了他们势不可挡的感觉，所以"不可能"的概念对群体来说已经不复存在。一个独立的人很清楚自己不能去焚烧宫殿或抢劫商店，即使他想这样做，也能很容易抵制诱惑。一旦成为群体的组成部分，他就认识到了人数所赋予的权力，这足以让他产生谋杀或掠夺的想法，并立即屈服于这类诱惑。群体不喜欢的掣肘因素都会被疯狂的愤怒摧毁。如果人类的身体有永恒的愤怒，那么在欲望中受挫的群体就处于这种状态。

种族的基本特征是促使群体情感张弛的最常见原因，它对群体的易怒、冲动和易变也发挥着最重大的影响，对我们即将研究的普遍情感影响也是如此。所有群体都无疑是易怒和冲动的，但程度差别很大，例如拉丁群体和盎格鲁-撒克逊群体之间的差异就十分显著，法国历史学最近的研究成果就生动阐释了这一点。二十五年前，仅仅凭一封据称侮辱了大使的电报，就直接引发了巨大愤怒，紧接着就爆发了一场可怕的战争①。几年后，电报通告了谅山②一个无关紧要的反叛，也立即引发一场众怒，并导致政府被推翻。与此同时，英国远征喀土穆③的军队经历了更严重的挫败，在英国却只引起了轻微的不满，没有任何大臣被免职。所有群体都具备雌性特征，但拉丁群体是最雌性化的。凡是相信他们的人，都能很快获得命运的赏赐，但这只是暂时得以从塔皮安悬崖④的旁边绕开，最终还是要从那里摔下去。

---

① 指普法战争。
② 位于今越南北部，该地区当时被法国军事占领。
③ 苏丹首府。1884年，英国人占领并固守该城；1885年1月26日，马赫迪率军攻下该城，英援军被迫撤出苏丹。
④ 古罗马卡皮托拉山上的一块岩石，通常在此把叛国者扔下去摔死。

二　群体容易轻信，又极易接受暗示

在定义群体时，我们曾说过他们的普遍特征之一是易于接受暗示，并证明了暗示在什么程度上具有传染性，这也解释了群体的情感为什么会迅速向一个明确的方向转变。无论人们认为群体多么冷淡，他们通常都处于一种渴望被关注的状态，这使得暗示变得容易。当"暗示"被首次构想出来，它就迅速通过"传染"植入所有人的大脑，导致群体的情绪趋同在极短时间内就可以完成。

受到暗示影响后的所有人都一样，进入大脑的思想马上就会转变成行为。无论是纵火焚烧宫殿，还是涉及自我牺牲，各种不同群体都拥有同等能力来完成。对群体来说，一切都取决于兴奋因子的性质，而不再像独立的个人那样，取决于被暗示去做的行为与阻止其发生的理由之间的理性对比。

群体永远在无意识的边缘徘徊，轻易就屈从所有暗示，带有某类生物特有的暴力情感，这类生物就是指那些无法接受理性影响的人，或者被剥夺了批判能力的人，以及除了极度轻信别无他法的人。如果要理解那些最荒诞之传奇和故事的创造和传播能力，就有必要牢记"不可能"这个概念对群体来说根本不存在。①

杜撰的传奇如此容易就在群体中流传，并非仅仅由于群体极度轻信，这同时也是事件在众人想象中被极大扭曲的结果。群体所观察到的最简单的事件很快就被完全异化，因为群体是通过画面来思考，画面本身又会唤起另外的画面，而这些画面与最初那个已经没有任何逻辑关系。理性向我们展示了这些画面的非连贯性，但群体对此视而不见，他们倾向于将想象的异化行为与真实事件混淆。群体很难区分主观和客观，认为其脑海中唤起的图像就是真实的，尽管那通常与被观察到的真实情况相去甚远。

因为组成群体的人在性情方面各不相同，所以群体以见证人身份歪曲事实的方式理论上有很多种，且彼此之间各不相同，但情况并非如此。作为传染的结果，各种歪曲总是彼此相似，即所有个体都是采取相同方式。

群体中的某个人对真相的第一次歪曲，就是这个传染

---

① 从1870年9月到1871年1月，普法战争期间，巴黎被围困了四个月，直到签署停战协议。经历巴黎围城的人看到了许多这种轻信的例子，比如楼上点燃的蜡烛，即被当作围攻者发出的信号，而在几英里外的地方显然不可能看到烛光。——原注

因为组成群体的人在性情方面各不相同,所以群体以见证人身份歪曲事实的方式理论上有很多种,且彼此之间各不相同,但事实并非如此。作为传染的结果,各种歪曲总是彼此相似,即所有个体都是采取相同方式。

性暗示的起点。圣乔治在耶路撒冷的城墙上向所有十字军官兵显身之前，一定是被在场的某个人首先感知到，然后通过暗示和传染，于是这个人发现的奇迹很快就被所有人接受。

这就是集体幻觉机制，它在历史上经常发生。这类幻觉似乎具有真实事件所具备的公认特征，因为它是成千上万人共同观察到的现象。

如果要反驳前面所说的事，就无须再将组成群体的个体思维能力纳入考虑，因为这种能力已经不再能发挥重要作用。从组成群体的那一刻起，博学之人和无知之人在观察方面就同样能力欠奉。

这个观点似乎有些似是而非，所以为了证明结论的正确性，就有必要研究大量的历史事实，仅凭几卷书尚不足以达到这个目的。

为了避免给读者留下未经证实就下结论的印象，我将冒昧从那些可能引用的海量史料中，举出一些例子。

以下就是一个最典型的事例，因为它是从受害者群体的集体幻觉案例中挑选出来的，这一群体中也可以找到各式个体，从无知的人到受过高等教育的人都有。海军中尉朱利安·费利克斯在他的《海流》一书中偶然提到这件事,此前也曾被《科学杂志》引用。

护卫舰"贝尔波尔号"正在公海巡航,目的是寻找"勒贝尔索号"巡洋舰,后者因一场猛烈的风暴失踪了。当时天气晴朗,阳光充足。突然,瞭望水手发出信号,表示有一艘遇难船只,船员们都朝信号指示的方向看去,每个军官和水手都清楚地看到被小艇拖着的一个筏子,上面满是人,小艇上发出了遇险的信号。然而这只不过是一种集体幻觉。德斯福西斯海军上将放下一艘小船去营救遇难水手。在接近看到的物体时,船上的船员和军官看到"一群人在动,伸出双手,并听到许多人发出沉闷而杂乱的声音"。但是在到达目标之后,船员们发现自己面前只有几根从邻近海岸刮过来的长满树叶的树枝。在如此明显的证据面前,幻觉就消失了。

在这个案例中,我们可以清楚看到此前解释过的那种集体幻觉机制。一方面,我们有一个殷切期待的群体;另一方面,瞭望水手给出了发现海上遇险船只的暗示,经过一个传染过程,在场的所有军官和水手都接受了。

想要破坏人们看见真实之事的能力,并且让真实之事被不相关的幻觉替代，这个群体并不需要太多人。只要几个人聚集构成了群体，即使全是杰出的学者，也仍具备了普通群体的所有特征，因为他们各自拥有的观察能力和批判精神立刻就消失了。聪明的心理学家戴维先生为我们提供了一个令人诧异的例子，最近被《心理学科学年鉴》引用，也值得在这里加以借鉴。戴维先生召集了一群杰出的观察者，其中一位是著名的英国科学家华莱士先生。在让他们检查目标物件并在选定的部位做出标记之后，戴维先生当着所有人的面演示了人们时常听说的唯灵论现象，比如意念的显性化，以及隔空在石板上写字等。后来他从这些知名的观察者那里获得了书面反馈，他们都承认自己观察到的现象只能以超自然的方式发生。戴维先生最后才向他们透露，这其实只是一种简单戏法。 文章的作者写道："戴维先生的调查中最令人惊讶的不是这些戏法本身的神奇，而是那些不知实情的观察者所反馈报告的严重缺陷。""即使有很多说辞一致的证人，他们陈述的也可能是完全错误的逻辑关系。这会让实验结果陷入矛盾，也就是说如果他们的陈述被认为是真的，那么其描述的现象就无法解释。戴维先生的方法是如此简单，以至于人们惊讶他竟敢使用这些方法，此外他对群体心理的掌控力如此强大，竟然可以说服他们看到根本不存在的东西。"其实这里和从前一样，我们看到的也是催眠者对被催眠者的掌控。如果这种掌控在曾经对催眠表示质疑的聪明头脑中也能发挥作用，那对普通群体的欺骗易如反掌也就容易理解了。

类似的例子不胜枚举。当我写这行字时，报纸上全是两个小女孩被发现淹死于塞纳河中的故事。这些孩子最早是被六个证人明确指认出来，他们的指认如此一致，以至于调查法官也对此深信不疑，甚至备好了死亡证明。即将准备孩子们的葬礼时，却偶然发现这些被视作遇难者的孩子还活着，而且她们的样子和溺水的女孩大不相同。和前面引用的例子一样，第一个证人虽然自己也是幻觉的受害者，但足以影响其他证人。

在类似情况下，"暗示"的起点总是某人或多或少因模糊回忆而产生的"幻觉"，随后就是"传染"作为对"最初幻觉"的肯定而陆续发生。如果第一个观察者并没有判断力，但他坚持指认尸体，并在那些真正的相似处之外，还提到了一些附属特征，比如疤痕或一些装扮细节，就足够激发起另一个人的模糊同感。这种被唤起的想法作为某种确定的核心信息，就足以扰乱理解力，并使辨别能力瘫痪。观察者看到的不再是标的本身,而是在他的脑海中唤起的画面。从这个角度就可以解释为什么母亲也会错误识别孩子的尸体,比如下面这一案例,虽然发生在很久以前,但最近被报纸重新发掘出来。其中也可以精确追踪到我提到的暗示和传染机制。

这个孩子被另一个孩子认出来了,但他弄错了。一系列毫无根据的指认随后开始。

一件不寻常的事情发生了,就在某个学生认出尸体的第二天,一个女人叫道:"天哪,这是我的孩子!"

她被带到尸体前,检查了死者的衣服,注意到死者前额上有一个伤疤。她说:"这正是我去年七月失踪的儿子,他被人从我身边偷走,还被谋杀了。"

这个女人是福尔街的看门人,名叫查凡德雷。她丈夫的兄弟被传唤盘问时说:"死者就是小菲利伯特。"住在街上的几个人也认出在拉维莱特发现的孩子是菲利伯特·查凡德雷,其中包括孩子的校长,他的依据是那死者佩戴的一枚奖章。

然而邻居、叔叔、校长和母亲都错了。六周后这个孩子的身份被查明,他来自波尔多,在那里被谋杀,后来被一家运输公司带到巴黎。①

值得指出的是，这类指认往往来自妇女和儿童，也就是说来自最容易受到别人影响的人。上述种种也向我们展示了这些证人在法庭上的价值，尤其是就儿童而言，他们的证言永远不应该被采纳。地方法官经常认为孩子们不撒谎，但他们高估了自己的心理学知识，不知道恰好相反，孩子们总是撒谎，虽然其谎言很多是无害的，但毕竟是谎言。通过抛硬币来决定被告的命运，也比采纳孩子的证言要好。

回到群体的观察能力上来，我们的结论是，群体的集体观察可能全部是错误的，而且在很多情况下只是代表了一个人的幻觉，并通过传染的过程暗示了同伴。事实证明，对群体证据完全不信任就非常明智，甚至明智得无以复加。在二十五年前的色当战役中，成千上万的人参加了那次著名的骑兵冲锋，然而面对众多亲历者自相矛盾的证词，竟然无法确定这场冲锋是由谁指挥的。英国将军沃尔斯利勋爵在最近的一本书中说道，关于滑铁卢战役中最重要的几次军事行动，

---

① 《闪电报》，1895 年 4 月 21 日。——原注

迄今还有人在史实方面犯严重错误,虽然曾有数百名证人证明那些都是事实。①

以上事实都向我们展示了群体证词的所谓价值。有关逻辑学的很多专著都论述过多位证人意见的同质性问题,这类证据通常被当作佐证真实性的最有力证据,然而我们对群体心理的了解表明,逻辑学专著中关于这部分的内容有必要重写。最值得存疑的事件,就是那些很多人共同观察到的事件。说一个事实已经同时被成千上万的证人证实,通常也就是说实际的事实可能与公认的说法相去甚远。

历史著作作为对过去之事的记述,必须被视为纯粹想象的作品,它们只是对事实不客观观察后的幻想性描述,并附有对结果的反思性解释。写这样的书绝对是在浪费时间。如果过去的时代没有留下当时的文学、艺术和纪实作品,我们对过去的时代就完全一无所知。关于那些在人类历史中极具

---

① 我们真的知道这一场战斗到底是如何发生的吗?我对这一点很怀疑。我们知道谁是征服者和被征服者,但这可能就是全部。达尔古先生关于他所目睹的索尔费里诺战役的话可以适用于所有战役:"将军们(当然是基于数百名证人的证据)提出官方报告;文书官修改这些文件并起草一个明确的说明;参谋长提出反对意见,并在新的基础上重写了全文。报告被呈到元帅那里,他惊呼你们完全错了,于是他换了一个新的版本。原始报告消失了。"达尔古先生以这个事实证明,即使是最引人注目、最易观察到的事件,也无法建立真相。——原注

影响之伟人的真实生活，比如赫拉克勒斯、佛陀或者穆罕默德等，我们是否拥有哪怕一句话的真相？可能根本没有。事实上，他们的真实生活对我们也并不重要。我们的兴趣在于这些伟人在大众传说中的样子，群体最喜闻乐见的从来都不是现实中的英雄，而是传说中的英雄。

不幸的是，尽管传奇人物被书籍详细记载，但本身也并不稳定。随着时间的流逝，特别是出于种族不同的原因，群体不断地用想象力改变他们。在《旧约》中暴怒的耶和华和圣女小德兰信奉的爱之上帝之间有巨大鸿沟，而中国和印度各自崇拜、敬重的佛陀也几乎没有什么共同之处。

那些与我们仅隔几个世纪的英雄，他们的传说虽然不一定会被群体的想象异化，但这种异化偶尔也会在几年之内发生。现在我们就能看到历史上最伟大的英雄之一，他的传奇在不到五十年的时间里就被修改了好几次。在波旁王朝统治下，拿破仑是田园诗一般慷慨的慈善家，是卑微之人的朋友，按诗人们的说法，他注定要在自己的乡村小屋里被世人铭记。三十年后，这位平易近人的英雄变成了血腥的专制者，在篡夺权力并摧毁自由之后，为了满足自己的野心导致三百万人被屠杀。目前我们正目睹这个传说的最新异化。在经过很多个世纪类似变化的影响后,未来的学者们面对这些自相矛盾的说辞,也许会怀疑拿破仑的存在,就像现在有些人也怀疑佛陀的存在,认为这不过是类似太阳神或大力神的传说。毫无疑问,未来的人们会为这种模棱两可而安慰自己,因为他们比今天的我们更了解群体的特点和心理,也知道除了神话之外,历史几乎无法保存任何东西。

三 群体情感的夸张与简单

无论群体表现出的情感是好是坏,它们都具有非常简单和非常夸张的双重特征。群体中的个体在这方面以及其他很多方面,都同样类似原始人。由于无法理解细微差别,群体把所有事物都视为某种完备整体,对它们的中间过渡状态一无所知。群体情感的夸张是基于以下事实,即任何感觉一旦被呈现,会通过暗示和传染迅速传播,群体成员之间的明确认可就会显著增强它的力量。

群体的情感简单而且夸张,这就导致他们既不接受外界质疑,也不知道什么叫不确定。群体就像女性一样,容易瞬间走向极端。某种质疑一旦被表达,就会变成无可争辩的证据。个体在独立的情况下，无论反感还是不赞成都不会积蓄力量，而在群体之中，就会立刻激发出强烈的仇恨。

由于责任感的整体缺失，群体的暴力情绪也增加了，特别是在异质群体中。随着群体人数的增加，免于受罚的确定性也进一步增强。此外，由于人数众多而产生的瞬间排山倒海之力量的想法，使得那些在独立个体身上不可能产生的情感和行为都变为可能。正是在群体之中，那些愚蠢、无知和嫉妒的个体都得以从卑微和无力的感觉中解脱出来，而被野蛮、短暂但巨大的力量支配。

不幸的是，群体的夸张倾向往往会作用于不良情感。这些情感是原始人本能返祖的残余，对惩罚的恐惧会迫使独立和负责任的个体去抑制这种本能，但群体却因此很容易被导向最严重的极端行为。

当然这并非意味着被熟练操控的群体就不能呈现出英雄、奉献和崇高美德的一面，他们甚至比独立个体更能展现出这些品质。稍后我们在研究群体的道德问题时，很快就有机会再次讨论这一点。

考虑到情感方面的夸张特征，群体只会对过激的情感留下印象。一个希望打动群体的演说者必须大量使用激情的断

随着群体人数的增加,免于受罚的确定性也进一步增强。此外,由于人数众多而产生的瞬间排山倒海之力量的想法,使得那些在独立个体身上不可能产生的情感和行为都变为可能。群体因此很容易被导向最严重的极端行为。

第一卷　群体的思维

定，通过夸张、断定、重复，而不是试图通过理性来证实任何事情，这是公开会议中的演讲者熟知的辩论方法。

此外，群体对英雄们的情感也有些夸张，即认为英雄的外在特征和美德必须始终被放大。有人曾精辟地总结说，在舞台上，群众会要求英雄具有现实生活中不存在的勇气、道义和美德。

有人曾恰如其分地论述过群体的这种特殊立场对演出评价的重要性。这种立场无疑是存在的，但其规则在很大程度上与常识和逻辑无关。吸引群体的艺术无疑还处于较低层级，但这也需要非常特别的才能。仅仅阅读剧本，人们往往无法理解其成功所在。剧院经理在决定上演一部剧作时，通常也不确定它能否成功，因为如果要做出判断，他们必须让自己成为群体。[1]

---

[1] 基于这个原因，就可以理解为什么当所有戏剧经理拒绝的作品偶然被推上舞台时，却会获得巨大成功。弗朗索瓦·科佩的戏剧《为了王冠》最近取得巨大成功，然而十年来巴黎主流的剧院经理们对这部喜剧却是避之不及。《查理的姑妈》被每一个剧院拒绝，最后靠一个股票经纪人赞助才得以上演，它在法国演出了200多场，在伦敦演出了1000多场。如果没有上述解释，即剧场经理不可能在精神上代替群体，就无法解释为什么那么有能力的个体却做出这样严重的误判。这一点我不在此展开讨论，但它或许值得某位熟悉戏剧事务的作家同时也是聪明的心理学家（例如弗朗西斯克·萨尔塞先生）来写写。——原注

如果我们能更广泛地讨论，还应该阐释一下种族因素的主导影响。一部在某个国家激起群体热情的戏剧，在另一个国家却可能并不成功，或者只是部分和普通地成功，因为它不能对一个已经变化了的观众群体产生影响。

毋庸赘言，群体的夸张倾向仅仅表现在情感方面，而在智力方面根本不存在。我已经证明过，只要成为群体的一部分，个体的智力水平就会瞬间大幅降低。博学的地方法官塔尔德先生对群体犯罪的研究也证明了这一事实。只有就情感而言，群体才可能要么极其浓烈，要么极其冷淡。

四 群体的不宽容、专制性和保守性

群体只对简单和极端的情感有识别能力，向群体提出的观点、思想和信仰通常只会被当作整体接受或拒绝，也就是被全盘接受为绝对的真理或者绝对的谬误。因此，信仰事实上总是通过暗示来引导，而不是通过推理。每个人都能意识到伴随宗教信仰而来的不宽容，以及宗教信仰在人们思维之中形成的专制帝国。

群体一方面怀疑究竟什么是真理或错误，另一方面又明确知道自己拥有的力量，因此当他们倾向于让自己的灵感行使权威时，就会很不宽容。个体可以接受矛盾观点和讨论，群体却永远不会。在公开会议上，演说者哪怕最轻微的矛盾观点①都会立即遭到愤怒吼叫和暴力谩骂，随后是殴打，如果演说者继续坚持，就会被驱逐。事实上如果没有权威代表的制止，陈述类似观点的人往往会被处死。

专制性和不宽容是不同类型群体的共同特征，但是它们表现出来的程度不尽相同。这里有必要再次提到种族的基本概念，它主导了人们的所有情感和思想。权威和不宽容在拉丁群体中的发展程度最高，事实上这种发展也主要源于拉丁血统的群体，以至于它们已经完全摧毁了个人独立的情感，而这种情感在盎格鲁-撒克逊群体中却十分强烈。拉丁群体只关心他们所属派系的集体独立性，他们的独立概念，就是要引导那些与自己持不同意见的人，立即、激情地皈依他们的信仰。自宗教裁判所时代以来，各个时期的雅各宾党人所认知的自由概念都与此如出一辙。

对权威和不宽容这两种情感，群体拥有十分明确的认知，

---

① 意为非极端观点。

他们也很容易产生这种情感，而且一旦被灌输这类情感，很快就会体现在行动上。群体对强制表现出温顺的尊重，对善良却不以为意。善良对他们来说只是一种软弱，他们的支持从来不会给予随和的主人，而是奉献给压迫他们的暴君，并且他们总是为后者竖起高大的雕像。虽然群体也确实会把被剥夺了权力的暴君踩在脚下，但这是因为暴君失去了权力，被丢进了弱者中间，再也没什么可怕之处。群体喜爱的英雄总是拥有恺撒的外观，他的徽章吸引了他们，他的权威震慑了他们，他的刀剑让他们恐惧。

群体很容易就厌恶弱者，却在强大权威面前卑躬屈膝。如果权威的力量反复无常，那么群体总是服从极端的情绪，并相应从无政府状态到被奴役，再从被奴役到无政府状态。

然而如果认为群体的革命本能占主导地位，那就完全误解了他们的心理。他们的暴力倾向在这一点上欺骗了我们，实际上他们的叛逆性和破坏性总是爆发得非常短暂。群体主要受到无意识的支配，因为处于世俗传统的巨大影响之下，所以难免趋于极端保守。当他们被放任不管时，他们很快就会厌倦革命带来的无序，本能地倾向于被奴役。因此当拿破仑压制一切自由，让世人饱尝铁腕的滋味时，正是雅各宾派中那些曾经最妄自尊大、最桀骜不驯的人，不遗余力地对他表达赞美。

不充分考虑群体深刻的保守本能，就很难理解历史，尤其是大众革命的历史。诚然，他们可能渴望改变制度的名称，甚至不惜通过暴力革命来达成，但这些制度的本质大部分表达了种族的代际传承需求，他们无法不固守它。无休止的易变性只能在很浅的层面上对他们产生影响，事实上群体拥有与所有原始人一样坚不可摧的保守本能。他们对所有传统迷恋式的尊重是不可动摇的，而对那些可能改变其生存基本条件的新奇之物，则表现出根深蒂固的无意识恐惧。在发明机械纺织机或出现蒸汽动力和铁路的时代，如果民主派拥有今天这种权力，那么根本就不可能出现这些发明，或者必须以革命和反复屠杀为代价才能实现。对文明进步来说，幸运的是直到科学和工业的重大发明出现之后，群体的力量才开始出现。

五　群体的道德

我们通常用"道德"这个词来表示对特定社会习俗的常规尊重，以及对自私的持续克制，然而因为群体过于冲动和易变，所以无法明显表现出道德的特征。但如果我们在道德一词中把短暂表现的品质也包含进去，比如自我克制、自我牺牲、无私、奉献和对公正的渴望，就可以说群体有时会表现出一种崇高的道德。

少数研究过群体的心理学家只是从犯罪行为角度来思考问题，在留意到这些行为的频率之后，他们得出结论说群体的道德标准非常低。

毫无疑问情况确实经常如此，但原因何在？因为野蛮、破坏的本能从原始时代起就蛰伏在我们所有人之中。就独立之人而言，服从这些本能意味着危险，而当他被吸收进某个不负责任的群体中，就会确信自己可免于受罚，这使他能完全放肆地按本能行事。在正常情况下，我们无法在同类身上实践这些破坏性的本能，所以就把这类行为施行在动物身上。人类对逐猎的普遍热情和群体的残暴行为同出一脉。群体在虐杀手无寸铁的受害者时，表现出的是非常懦弱的残暴，对哲学家来说，这种残暴与很多猎人聚集起来带着猎犬追捕一只不幸的雄鹿非常类似。

群体可能犯下谋杀、纵火等各种罪行，但也能表现出非常崇高的奉献、牺牲和无私等品质，以及其他比独立个体所能做的要高尚得多的行为。对荣誉、尊严和爱国主义的追求，特别能影响群体中的个人，甚至能让其为此牺牲。比如1793年志愿军以及早年的十字军等，历史上存在大量类似例证。只有集体精神才能产生伟大的无私和奉献。有多少人曾经因为他们几乎无法理解的信仰、理想和说辞而英勇地面对死亡呢！参加罢工的群体更愿意服从命令，而不是为增加他们入不敷出的微薄工资。个人利益很少成为群体的强大动力，虽然这几乎是独立个人行为的唯一动机。毫无疑问，在众多的战争中主导群体的并不是他们的私利，群体的智力很难理解战争，所以在这些战争中，他们会心甘情愿地被屠杀，就像被猎人的镜子催眠的云雀。

即使群体里满是恶棍，也会发生以下这种情况：他们仅仅因为身为群体的一员，也会在某个时刻表现出严格的道德原则。丹纳提请读者注意，"九月屠杀"[①]的杀人犯将他们在受害者身上发现的钱包和珠宝，都放在委员会的桌子上，而本来他们很容易带走这些东西。1848年革命[②]期间，咆哮、

[①] 法国大革命期间，1792年9月2日至6日，巴黎民众对监狱发动袭击，杀死大量囚犯。
[②] 即法国二月革命。1848年2月，民众推翻国王路易·菲利普一世的统治，建立法兰西第二共和国。

密集、衣衫破旧的群体涌入杜伊勒里宫,却没有拿走任何一件令他们惊羡的东西,而这些东西中任何一件都可以成为他们好些日子的口粮。

群体对个人的道德教化没有稳定的规则,但经常能被观察到,甚至在不及上述那么严重的情况下也能被观察到。我曾说过,在剧场里,观众群体经常要求艺术作品里的英雄要有一种被夸大的美德,而一个由低素质个人组成的观众群体也经常表现得道貌岸然。那些浪荡子、皮条客、小混混,有时在看到略微有伤风化的场景或听到类似话语时会发出嗡嗡声,而这与他们惯常的谈话风格相比已经平和了很多。

尽管群体经常放任自己的低级本能,但他们有时也会树立崇高道德的榜样。如果说无私、顺从以及对真实抑或虚幻理想的绝对忠诚就是美德,那么群体拥有此类美德的程度可能超过绝大部分最智慧的哲学家。毫无疑问他们是在无意识中践行这些美德,但这并不重要,我们不应该过多抱怨群体主要受无意识的引导而不是推理。换一种情况说,如果他们也依靠推理并时时考虑自己的直接利益,那么世界就不会有文明,人类也不会有历史。

第三章

群体的观念、推理能力和想象力

提要：

一 群体的观念

基本观念和附属观念 | 矛盾观念如何共存 | 高级观念在被群体接受之前必须经历的改造 | 观念的社会影响力与其包含的真理程度无关

二 群体的推理能力

群体不会受到推理的影响 | 群体的推理总是处于较低等级 | 群体联想的观念只具有表面的相似性或连续性

三　群体的想象力

群体想象的力量｜群体用画面思考，这些画面彼此相连却无内在关联｜群体对非凡事物印象深刻｜非凡和传奇是文明的支柱｜大众的想象力是政治家权力的基础｜能够激发群体想象力的事实呈现的方式

一　群体的观念

我在研究"观念"对民族进化之作用的作品中曾经说过，每个文明都是少数基本观念演化的结果，而且这些基本观念很少更新；我同时也讲述了这些观念如何植入群体的思维，植入过程遇到哪些困难，以及这些观念在植入完成之后所拥有的力量，最后我也论证了巨大的历史动荡通常都是这些基本观念发生变化的结果。

我在这个问题上停留的时间已经足够长，不能再继续展开，接下来有关这一话题我只会再略说几句，即群体所能认知的观念，以及他们看待这些观念的方式。

观念可以分为两类：第一类我们称之为受短期影响形成的偶发和暂时的观念，比如对某个人或学说的迷恋等；第二

类观念要被归为基本观念，它们经常受到环境、遗传法则和公众舆论的影响但非常稳定，这类观念就是过去的宗教信仰以及今天的社会与民主观念。

基本观念类似于一条缓慢流动的河流，暂时的观念就像水面的波浪，不断变化，搅动着河流表层，看上去比河流本身更明显，却并不重要。

曾经作为我们祖辈思想支柱的那些重大基本观念，如今日复一日地摇摇欲坠，失去了所有稳定性，依附于其上的传统习俗也随之花叶飘零。然而每天都有许多我一直提到的那些短暂而微小的观念产生，但它们显然都没有什么生命力，也难以产生压倒性的影响力。

无论向群体提出什么观念，只有在这些观念呈现出绝对的、不容变通的和易于理解的情况下才能产生影响。也就是说，观念必须要穿上画面的外衣才能为群体所理解。这些画面般的观念之间没有任何可类比的、连续的逻辑联系，它们之间完全可以打乱次序，就像叠放在一起的幻灯片，操作者可以从它们中间随意抽取。这就能解释，为什么极其自相矛盾的观点可以在群体中同时形成潮流。机缘巧合之下，群体会在众多观念中接受其中某一种的影响，进而做出截然不同的行为，因为批判精神的缺乏使他们没有能力理解各种观念之间的矛盾。

这种现象并非群体所特有，在许多独立个体身上也可以观察到，不仅在原始人中，而且在某些宗教信仰的狂热教派中也存在，他们思想上的某个方面类似于原始人。我观察到，在欧洲大学受教育并获得学位的印度人身上也令人诧异地存在这种现象。许多西方观念被叠加在他们那些难以改变的、基本的、遗传的或社会的观念之上。某些场合下，这种或那种观念会伴随相应的行为或言论，让同一个人表现出令人瞠目结舌的自相矛盾。这类矛盾是表象，并非实质，因为只有遗传的观念才能对独立个体产生足够大的影响，并构成行为动机。只有当不同种族通婚导致一个人置身于不同遗传倾向之间时，他的行为才可能真正完全矛盾。尽管这些现象对心理学研究非常重要，但仅停留在现象上徒劳无益，我认为至少需要经过十年的游历和观察，才能对其充分理解。

观念只有呈现非常简单的形态时才能被群体接受，还必须经历最彻底的改造才能普及起来。当我们处理某种精深的哲学或科学思想时，就会看到它们为了降低到与群体智力适应的水平，所做的修改是多么面目全非。这些修改取决于群体或者其所属种族的性质,但总体倾向都是庸俗化和简单化。从社会角度来看这也就解释了一个事实,即现实中几乎不再有观念的等级之分,也就是说观念不再区分为伟大的和低级的。无论某个观念起初多么伟大和正确,它都首先要被剥夺那些高级和伟大的要素,因为它需要进入群体的思维领域,并要对群体施加影响。

从社会的角度也可以这么理解,观念的等级价值,即其内在意义,已经不再重要,需要重点考虑的是它所能产生的影响。中世纪的基督教观念、上个世纪的民主观念,或者当下的社会思想,肯定都不算很高级,甚至从哲学上来看它们只能被当作一些令人遗憾的错误,但它们的力量以前是,未来也仍然会是巨大的,在很长时间内,它们都仍是决定国家行为的最重要因素。

即使某个观念已经完成了易于被群体理解的改造过程,也仍需经过各种流程、各个环节的确认,最终进入群体的无意识领域并且成为一种情感后才会产生影响。这个过程需要很长时间。

不能仅仅因为一个观念已被证明有正当性,我们就认为它对受过教育之人能产生有效影响。只要我们注意到最清晰的论证对多数人的影响都是微乎其微，就能知道我前面那句话所言非虚。如果证据很清晰，观念确实可以被一个受过教育的人接受，但接受者又很快会被他的无意识自我带回原有的观念。几天后再会面，他会用完全一样的措辞重新提出他以前的论点。实际上他是受到原有观念的影响，那些观念已经融入其情感，也只有融入情感的观念才是影响人们行为和言论的更深层动机。群体的情况也是如此。

当观念通过各种方式渗透到群体思维之中时，它就拥有了不可抗拒的力量，并带来一系列后果，反抗它注定是徒劳的。导致法国大革命的哲学观念用时近一个世纪才进入人们的头脑，其一旦在大众思维中生根，不可抗拒的力量就会震慑全世界。整个国家为争取社会平等，实现抽象的权利和理想的自由而艰难奋斗，这使所有掌权之人都惶惶不可终日，并深深扰乱了西方世界。二十年里，这些民族刀兵相见，欧洲目睹了可能令成吉思汗和帖木儿都惊骇不已的大屠杀。世界从来没有出现过如此大规模的、因观念传播而导致的惨剧。

在群体中建立一种观念需要很长时间，从群体中根除这些观念也是如此。因此就观念而言，群体总是比学者和哲学家滞后好几代人。所有政治家都清楚，我前面提到的基本观念中包含着各种错误，但因为这些观念的影响仍然非常强大，所以必须继续按其原则进行统治，尽管他们实际上都已不再相信这些原则。

二　群体的推理能力

不能绝对地说群体没有推理能力，或者完全不受推理的影响。然而从逻辑角度看，群体所使用的以及能够影响他们的论证，都属于较低级的，因此只有从类比的角度看，才能称其为推理。

群体的劣质推理和高级的推理一样，都是建立在多个观念的关联之上，但群体在进行推理时，观念之间的关联只有表面的相似性或者连续性。群体的推理方式类似于因纽特人，他们根据经验知道冰这种透明的物体，可以在嘴里融化，于是得出结论认为玻璃也是透明的，应该也能在嘴里融化；或者也类似于野蛮人想象自己吃了凶猛仇敌的心脏就能获得勇敢；又或者类似于一个工人被雇主欺压后，就立刻断定所有雇主都欺压工人。

群体推理的特点是认为不同事物之间只有表面联系，或者对具体情况草率总结。那些知道如何管理群体的人，就总是给群体灌输这种结论，而这也是群体唯一愿意接受的那类结论。系列的逻辑论证对群体来说完全无法理解，因此可以说群体不推理，或者只能错误推理，完全不受推理的影响。某些演讲错漏百出到令人吃惊，但对倾听的群体却产生了巨大影响，我们忘记了这些演讲本来就是为了给群体洗脑，而不是为了面向哲学家。一个与群体亲密交流的演说家总是能唤起那些诱导群体的画面，如果他成功了，他的目标也就达成了。就说服力而言，深思熟虑的二十卷长篇大论，抵不过那些引诱无知大脑的寥寥数语。

缺失推理能力使群体不具备任何批判精神，无法区分真理和谬误，也不能对任何事情形成准确判断，关于这一点说得再多也于事无补。群体所能接受的只是强加给他们的判断，而不是经过他们自己思考讨论之后主动接受的判断。在这个问题上，大多数个体也并没有超过群体的水平。因为大多数人都不能通过推理来形成自己的观点，所以某些意见很容易就得到普遍认同。

缺失推理能力使群体不具备任何批判精神，无法区分真理和谬误，也不能对任何事情形成准确判断。群体所能接受的只是强加给他们的判断，而不是经过他们自己思考讨论之后主动接受的判断。

三 群体的想象力

群体虽然没有推理能力，但形象想象力却非常强大和活跃，也很容易被深深打动。一位名人、一个事件和一次偶然在他们脑海中唤起的画面，几乎就和现实一样逼真。群体在某种程度上通常处于睡眠状态，理性暂停工作，大脑中浮现出极端强烈的画面，但凡大脑开始思考，这些画面很快就会消散。然而群体既不能思考也不能推理，甚至连"不可能"的概念也没有，相反值得留意的是，一般来说，那些最不可能的事对群体反而最有吸引力。

这就是为什么那些非凡和传奇的事件，总是特别能打动群体。如果分析一种文明，我们就会发现非凡和传奇才是文明的真正支撑。在历史上，表象总是比事实扮演着更重要的角色，不真实的部分总是比真实的部分影响更大。

群体只能用画面思考，只会被画面打动，也只有画面才能恐吓或吸引他们，并成为其行为的触发动机。

戏剧表演，凭借最清晰的形式总是能对群体产生巨大影响，面包和壮观的表演为古罗马的平民构造出了幸福的理想，普罗大众别无他求。在各个时代，这种理想几乎从来没有变化。没有什么比戏剧表演更能对各种类型群体的想象产生更大影响的了。所有观众在同一时间体验到同样的情绪，如果这些情绪没有立即转化为行为，那只是因为即使是最无意识的观众也知道自己只是幻象的受骗者，是在为虚构的情节欢笑或哭泣。然而有时，这些画面暗示的情感是如此强烈，就像其他常见的暗示一样，要求受众群体将其转化为行动。经常有这样的故事传出：某个大众剧院的经理不得不保护饰演叛徒的演员离开剧院，以免其遭受到观众的暴力，因为观众对虚构的罪行愤怒不已。我们已经找到了群体思维状态最显著的特征，特别是他们易于接受暗示的特点。虚构的事物和真实的事物对他们的影响几乎一样，他们显然不愿意去主动区分这两者。

征服者的力量和国家的力量都是基于大众想象。更具体地说，正是通过这种想象力的影响，群体能被调动和引导。所有伟大的历史事件，包括佛教、基督教、伊斯兰教的兴起，宗教改革，法国大革命，以及社会主义在我们这个时代的蔓延，都是强烈冲击群体想象力的直接或间接后果。

每个时代和国家的伟大政治家，包括最专制的暴君，都把大众想象力当作权力的基础，他们从来不会通过与之对抗来施行统治。拿破仑对国务委员会说："通过成为一名天主教徒，我结束了旺代战争[①]；通过成为一名穆斯林，我在埃及获得立足点；通过成为教皇至上主义者，我赢得了意大利神父的支持；如果我要统治犹太民族，我将重建所罗门的圣殿。"也许自亚历山大和恺撒之后，就没有一个伟人能比拿破仑更知道如何打动群体的想象力，而拿破仑毕生专注于此，他在他的胜利、演说、谈话以及所有行为中都铭记这一点，甚至临终时还在琢磨。

我们很快就会讲到应该如何让群体的想象力深受打动。我们暂时只能说，这门技艺永远不可能通过提高智力或推理能力来获得，也就是说不可能通过论证来实现。安东尼并不是通过巧妙的说辞才成功唤起民众奋起反抗杀害恺撒的凶手，而是向大众宣读恺撒的遗嘱，同时手指着恺撒的尸体。

所有激发群体想象力的东西都是以一种令人吃惊和非常清晰的形式出现的，不需要任何附加的解释，也许仅伴随有一些非凡或神秘的事实，比如伟大的胜利、奇迹、罪行或者希望。事情必须整体摆在群体面前，其起源也绝不能含混不

[①] 1793年之后发生在法国旺代地区的叛乱，后被镇压。

清。一百起小的罪行或意外，完全不会激发群体的想象力，而一起严重犯罪或重大事故则会给群体留下深刻印象，尽管其灾难后果比那一百件小罪行加在一起要轻得多。几年前的流感传染仅在巴黎就导致五千人死亡，但这几乎没给大众留下什么印象。原因就是这种真正的灾难未曾以任何画面形式呈现出来，大众只从每周提供的统计数据中了解。相反，如果某个事故造成的死亡只有五百而不是五千，但发生在一天之中，且是在公共场合，比如埃菲尔铁塔倒塌了，这个事故就会强烈吸引公众注意，并极大地触发群体想象。在消息匮乏的情况下，一艘横渡大西洋的客轮可能沉没了，就吸引了人们长达一周的注意力。然而官方统计数据显示，仅在1894年就有850艘帆船和203艘轮船失踪，而人们从来没有操心过这些接二连三的失事，尽管它们对生命和财产的毁坏比大西洋客轮的失事要严重得多。

因此，能激起大众想象力的并不是事实本身，而是它们发生和引发注意的方式。我可以这样表达我的意思，即它们必须经过浓缩，并产生一个萦绕眼目且压迫思维的奇妙画面。掌握了打动群体想象力的艺术，也就掌握了统治他们的艺术。

第四章

群体信仰所采用的宗教形式

提要：

宗教情感意味着什么 | 它独立于对神的崇拜 | 它的特征 | 采用宗教形式的信仰的力量 | 各种示例 | 大众之神从未消失 | 它们复兴的新形式 | 无神论的宗教形式 | 从历史的角度来看这些概念的重要性 | 宗教改革、圣巴托罗缪大屠杀以及恐怖统治等所有类似事件都是群体宗教情感的结果，而非源于独立的个人意志

我们已经证明过，群体没有能力推理，他们对观念全盘接受或者拒绝，而不能容忍讨论和折中，他们接受的暗示占用了全部理解能力，并且倾向于马上转变成行为。我们也已

证明，受到特定影响的群体随时会为那些鼓动自己的理想而牺牲。我们还看到，他们只怀有激烈和极端的情感，因此同情很快就变成友爱，而反感一经唤起则迅速演变为仇恨。这些普遍的表征已经让我们对群体信仰的本质有了初步认识。

无论是在狂热宗教信仰的时代，还是上个世纪的巨大政治动荡时期，当仔细考察这些信仰时，就不难发现它们显然都呈现出一种特殊的形式，除了宗教情感这个词外，我想不出更好的名称来描述它们。

这种情感具有非常简单的特点，比如崇拜一个被认定为高人一等的存在，恐惧它的生杀大权，盲目服从它的命令，没有能力讨论却又渴望传播它的教义，以及倾向于把所有不接纳这些教义的人都视为敌人。无论这种情感运用于看不见的上帝、木制或石头的偶像、英雄还是政治概念，只要呈现出前述特征，它的本质就是宗教，并且会同等程度地表现出超自然和不可思议的特征。群众倾向于无意识地赋予政治理论或取得胜利的领袖一种神秘的权力，因为这种力量会暂时激起他们的狂热。

仅仅只崇拜神灵，还不能被视为宗教虔诚，除非信徒已经把所有的心思意念、彻底的意志顺服、全部的身心侍奉都交托给一个事业或者领袖,并视其为自己思想及行动的目标和向导。

宗教情感必然伴随着不宽容和狂热,这一点在那些自认为掌握了尘世或永恒幸福秘密的人身上表现得尤为明显。当群体受到某种信念的鼓动时,在所有成员身上都可以发现这两个特征。恐怖统治时期的雅各宾党人和宗教裁判所的天主教徒都拥有本质相同的宗教信仰,他们残暴的激情也来自同一源头。

群体的信仰具有盲目服从、强烈的不宽容和渴望激情传播等几个特点,这些都是宗教情感的固有成分,所以我们可以说群体的信仰也具有宗教形式。被群体称赞的英雄,就是那个群体名副其实的神。拿破仑扮演这样的神长达十五年,只是神灵通常得不到如此殷勤的崇拜者,也不会如此随意地让人去死,即使是基督教和异教徒的神,在那些受其掌管的灵魂之中,也从未建立起比他更专制的帝国。

所有宗教或政治信念的创始人之所以成功,都只是因为他们成功地激起了那些狂热的情感,这些情感使人们在崇拜和顺服中找到幸福,并准备为他们的偶像牺牲生命。所有时代都是如此。福斯特尔·德·库朗热在他关于罗马高卢的作品中公允地说过，罗马帝国不靠武力维持，而是靠它所激发出的宗教爱慕。他说："一种被普遍憎恶的政府形式竟然持续了五个世纪，这在世界历史上绝无仅有……区区三十个军团能让一亿人臣服，也让人匪夷所思。"人们服从的原因是皇帝已经成为伟大罗马的化身，并毫无异议地得到崇拜，在帝国境内最小的村镇里都供奉着皇帝的祭坛。"从帝国的天涯到海角，一种新宗教出现了，罗马皇帝就是它的神。在基督教时代之前很多年，整个高卢下辖的六十座城市在里昂城附近共同建造了一座神庙来纪念奥古斯都……其神职人员由联合起来的高卢城市选举产生，他们是国家的灵魂人物……我们不能把这些都归因于恐惧和奴性。整个国家不可能都是奴才，更不可能长达三个世纪都是奴才。崇拜皇帝的不是朝臣，而是整个罗马，且又不只是罗马，还包括高卢地区、西班牙、希腊和亚洲。"

现在那些统治着人民思想的伟人，多数已不再有祭坛，而是换成了雕像，或其崇拜者手中的画像，但这种对偶像的狂热崇拜与其前辈并没有明显差别。要理解历史的哲学，首先就必须透彻认知大众心理这一基本要点，即群体对偶像神的需要高于一切。

第一卷 群体的思维

绝对不能认为这是早已被理性打败的古老迷信,因为情感在与理性永恒的冲突中从未被征服过。群体曾因神与宗教之名被长期奴役,现在他们再也听不到这两个名字,但在过去一百年里他们所表现出的盲目崇拜却超越了以往任何时代,毕竟古老的神灵从来不曾享有如此之多的雕像和祭坛。近年来,那些研究过被称为"布朗热主义"[①]群众运动的人,已经能够看到群众的宗教本能是多么容易随时兴起。没有一家乡村旅馆没有这位英雄的肖像,人们认为他能消除所有不义和邪恶,并且有成千上万的人愿意为之献出生命,如果其真实性格与传奇声誉完全一致,那么他在历史上也堪称伟大。

声称宗教对大众来说必不可少之类的说辞只是无益的陈词滥调,因为所有政治的、神学的和社会的信条,最终都只有以宗教形式出现,才可能在群体中扎根,因为唯有这种形式才能避免被讨论和质疑的危险。如果要引导大众接受无神论,那么这种信仰也将表现出宗教情感所具有的不宽容和狂热,它的外在形式很快也会演变为一种崇拜,以下这个小的实证主义教派的演变过程就为我们提供了一个很好的例证。

---

① 19世纪80年代在法国以布朗热将军为首的民族沙文主义运动,后被政府镇压,布朗热本人在流亡中自杀。

群体对偶像神的需要高于一切。所有政治的、神学的和社会的信条，最终都只有以宗教形式出现，才可能在群体中扎根，因为唯有这种形式才能避免被讨论和质疑的危险。

思想家陀思妥耶夫斯基曾经讲述过虚无主义者的经历，他的话很快就应验在了实证主义者身上。在被理性之光照亮的那天，一个人打翻装点教堂祭坛的众神和圣贤的肖像，吹灭蜡烛，顷刻之间就挂上无神论哲学家毕希纳和摩莱萧特的肖像，然后虔诚地重燃烛光。他宗教崇拜的对象已经改变，但我们能说其宗教情感也改变了吗？

我有必要重申，如果人们不能理解群体信仰长期存在所倚赖的宗教形式，就无法理解某些最重要的历史事件，因为有些社会现象需要从心理学家而非自然科学家的角度来研究。伟大的历史学家丹纳只从自然科学的角度研究法国大革命，因此他常常忽略了事件的真正起源。他完美地观察到了事实，但因为缺乏群体心理学的知识，所以并不是每次都能追踪到事实的缘由。史实中的嗜血、无政府主义和凶残使他惊骇，在这部伟大剧作中的英雄们身上，他只看到一群癫狂的野蛮人放任自己不受约束的本能。法国大革命的暴力、屠杀、宣传及对一切旧有事物的宣战，都表明它是群众心中建立的一个新的宗教信仰。宗教改革、圣巴托罗缪大屠杀[①]、法

---

① 1572年8月23日，巴黎突然发生天主教暴徒对新教徒胡格诺派的屠杀，无数新教徒在屠杀中丧生。

国宗教战争、宗教裁判所以及大革命"恐怖统治"都是相同现象，都是由那些充满宗教情感的群体所引发，而这也必然导致群体通过火焰与刀剑去无情地屠杀那些反对建立新信仰的人。宗教裁判所的方法是所有类型中最真实而坚决的，如果群体诉诸除此之外的其他方法，他们的信仰就配不上自己的名号。

与上述事例类似的所有社会动荡，都只有在大众灵魂的渴望下才可能发生，即使最专制的暴君也无法单凭自己的意志完成此类暴行。所以当历史学家说圣巴托罗缪大屠杀是国王的决定时，只能表明其对群众和君主的心理都一无所知。这类命令只能由群体的灵魂来实施，专制君主的绝对权力只能加速或延缓其出现的时间。圣巴托罗缪大屠杀或宗教战争都不是国王的杰作，就像"恐怖统治"也不全是罗伯斯庇尔、丹东或圣鞠斯特[1]所为。在这些事件的源头处，总是可以发现群体的灵魂，而不是统治者的权力。

---

[1] 三人都是法国大革命时期雅各宾派政治领袖，主张暴力屠杀反对革命之人，后来先后被处死。

第二卷

群体的观点和信仰

第一章

群体观点和信仰的远期因素

提要：

群体信仰的预备因素 | 群体信仰的起源是前期处心积虑准备的结果 | 对各种信仰之中不同因素的研究

一　种族
种族发挥的显著作用 | 它代表祖先的暗示

二　传统
传统是种族灵魂的综合体现 | 传统的社会重要性 | 在成为必要之后，传统如何变得有害 | 群体是传统观念最顽固的维护者

三　时间

时间为信仰的确立和摧毁做好准备，正因如此秩序才得以从混乱中产生

四　政治和社会制度

它们中的错误观念 | 它们的影响极其微弱 | 它们不是原因，而是结果 | 国家无法主动选择最好的制度 | 制度只是标签，以相同的名称掩饰完全不同的东西 | 制度如何创建 | 某些制度理论上是坏的，比如某些国家强制推行的中央集权

五　导向和教育

关于教育对群体的影响，某些普遍观念的错误 | 统计学上的迹象 | 拉丁民族教育体系造成道德败坏的后果 | 部分教育仍可能发挥作用 | 不同民族举例

在研究过群体的思维构造，并熟知其感知、思考和推理模式之后，让我们来继续考察群体的观点和信仰是如何出现并确立的。

第二卷 群体的观点和信仰

决定这些观点和信仰的因素分为两种：远期因素和即期因素。

"远期因素"是指那些能使群体接受某些信念，且绝对不能再兼容其他信念的因素。这些因素为此后突然萌发新观念提供了土壤，这些新观念的力量和后果将令所有人震惊，但从表面上看它们像是群体自发形成的。群体中某些观念的爆发和实践，经常会呈现出惊人的突发性，但这只是表象，在其背后一定能找到某种长期积累的预备和初步行动。

"即期因素"是指那些积极说服群体，导致其观念最终定型，然后释放一切后果的因素。这类因素处于长期准备工作的顶端，但如果没有此前长期的准备，它们也就无法发挥作用。由于这些即期因素，群体会突然之间忘乎所以地做出某些决议，正是这些因素引发了暴乱或罢工，也正是由于它们，绝大多数人将推翻政府的权力赋予了某个人。

这两种因素的交替作用可以在所有重大历史事件中追溯到。作为最令人瞩目的历史事件之一，法国大革命爆发的远期因素包括哲学家的启蒙著作、贵族的强取豪夺和科学思想的进步等。群众思想一旦准备就绪，就很容易被演说家的鼓动和执政党对微小改革的抵制等即期因素引爆。

在远期因素中,有一部分在本质上具有普遍性,它们是群体所有信仰和观点的基础,包括种族、传统、时间、制度和教育。我们接下来继续考察这些不同因素的影响。

一 种族

种族这个因素必须放在第一位,因为其重要性远超其他所有因素。我们在前一部作品中对其进行过充分研究,这里不再继续论证。前文论述过什么是历史意义上的种族,它的性格是如何形成的,以及种族性格作为遗传法则的必然结果所拥有的力量、信仰、制度和艺术等。总而言之,文明的所有组成部分都只是种族禀赋的外在表达。我们也证明了种族力量具有以下特点:如果不经历最深刻的变化,其特征中的任何成分都不能从一个种族传递到另一个种族。[1]

环境、境况和具体事件都只呈现了社会在某个时刻的暗示,它们可能会产生相当大的影响,但如果这种影响与种族

---

[1] 这个论点仍然比较新颖并且尚待斟酌,但若非如此,历史就难以理解。我在我的前一本书《各民族进化的心理学规律》中用了四章来论证,读者会看到,尽管表面上看起来似乎可行,但实际上语言、宗教、艺术,或者总而言之,文明的任何成分,都不能完整无误地从一个民族传递到另一个民族。——原注

的暗示相悖，那么它们就是短暂的，这里说的种族暗示是指一个民族从其祖先的整体谱系中继承下来的东西。

在本书接下来的几章中，我们将有机会再次讨论种族的影响，并证明这种影响是如此之大，以至于它主导了群体禀赋的专有特征。根据这一事实可以知道，不同民族的群体在信仰和行为上存在巨大差异，因此也不会以同样方式受到影响。

二 传统

传统代表着过去的思想、需求和情感，它们是种族的沉淀和凝聚，并对我们产生巨大影响。自从胚胎学展示了历史对生物进化的巨大影响以来，生物科学已经跟以往大不一样，当生物学概念得到更广泛传播时，历史科学也会随之发生不小的变化。但迄今为止生物学还不够普及，许多当代政治家在观念上还没有超越上个世纪的理论家，很多政治家还相信社会可以完全与过去脱节，然后在理性之光的照耀下推倒重来。

民族是由历史创造的有机体，就像其他有机体一样，它只能通过缓慢的遗传积累来改变。

传统一直引导着人类，尤其当人们处于群体状态的时候。

正如我反复说过的那样，人们可以轻易地改变传统，但改变的仅仅只是它的名字和外在形式。

大家对这个结论不要感到失望。如果没有传统，就不可能有民族的禀赋和文明。因此自人类存在以来就有两类重大关切，一是建立一个关于传统的体系，二是当传统的有益作用耗尽时，人类就要努力去摧毁这个体系。因为如果没有传统，文明就不可能；如果没有对传统的破坏，进步也不可能。所以真正巨大的困难是在稳定和变化之间找到一种适度的平衡。如果一个民族让习俗过于顽固，它就不能再改变，就像中国一样无法改进。在这种情况下，就连暴力革命也毫无用处，因为革命之后必然发生的只能是两种情况，要么旧制度的铁链碎片被重新拼合，历史一成不变地延续其统治；要么碎片散落一地，民族衰败，进入无政府状态。

因此一个民族的理想状况，是一方面保留过去的制度，另一方面在不知不觉中滴水穿石地改变它们。遗憾的是这种想法很难实现，几乎只有古代罗马人和现代英国人实现了。

正是群体执拗地维护着传统思想，并且最顽固地反对改变传统。这一规律在那些有等级制度存在的群体中表现得尤为明显。我在前面已经论证了群体的保守思维，并证明了暴力叛乱也只是以改变制度的言辞和术语的方式而告终。上个世纪末,当教堂被摧毁、神父被驱逐或砍头时,可能有人认为旧的宗教观念已经丧失了所有的约束力,然而几年之后,被废除的公共礼拜体系不得不重建,以满足群体的普遍要求。[1] 在被遗忘片刻之后,旧的传统又恢复了权威。

没有什么例子能比以上这些更好地显示传统在群体思维中的力量。最可怕的偶像不住在寺庙里,最专制的暴君也不住在宫殿里,这两者都可以在瞬间被打倒,但是统治我们内心的无形主人永远是安全的,不会遇到任何反抗,只会在很多个世纪的时间里缓慢消退。

三 时间

在社会学与生物学的问题上,时间都是最有活力的因素,它是唯一的、真正的创造者和毁灭者。正是时间用沙粒构造

---

[1] 关于这一点,在丹纳引用的前国务委员会成员福克罗伊的报告中表达得很清楚:"随处可见遵守礼拜日和去教堂的现象,证明了大多数法国人都渴望回到原来的习惯,现在不再是抵制这种自然倾向的时机……绝大多数人都需要宗教、公共礼拜和神父。由于某些现代哲学家的错误,我自己也被误导认为通过教育的普及可以消除宗教偏见,但其实宗教对许多不幸的人来说是安慰的来源……因此必须允许人民有他们的神父、祭坛和公共礼拜。"——原注

了高山，又让地质时代卑微的细胞进化为有尊严的人类。改变人类的任何一个现象都需要几个世纪。完全有理由认为，给一只蚂蚁足够时间，它就能把勃朗峰夷为平地。如果一个人拥有了掌控时间的神奇能力，他就拥有了信徒们认为上帝才拥有的那种权能。

我们在这里只关注时间对群体意见产生的影响，从这个维度看，它的作用一直都巨大无比。即使像种族这样拥有巨大力量的群体也要依赖时间，因为如果没有时间的帮助，种族自身都难以形成。时间导致了所有信仰的诞生、兴盛和死亡，正是由于时间的帮助，信仰才获得了力量，也正因为时间的流逝，信仰才失去了力量。

时间为群体的观念和信仰做好了准备，或者至少为其准备了生长的土壤。这就是为什么某些观念在一个时代可行，在另一个时代却不可行。正是时间，积累了信仰和思想的大量碎片，使某些观念能在特定时期突然出现。这些观念从来不是在随机和偶然中生长，其中每一个的根源都能延伸到漫长的过去，当它们开花的时候，是时间为其准备了蓓蕾，要了解它们的起源，就有必要探究遥远的历史。这些观念是历史的女儿和未来的母亲，但它们永远都是时间的仆役。

时间是我们名副其实的主人，让它自由地去看护和改造一切事物就足够了。当下我们对大众的威胁性诉求以及可能由此而来的动荡和毁灭感到不安，但即使没有其他任何帮助，时间也能让其恢复均衡。拉维斯先生曾非常贴切地写道："没有哪种形式的政府是在一天之内建立起来的。政治和社会组织都要经历很多个世纪才能形成。在制定其法律之前，封建制度就以混沌不定的形式存在了几个世纪，在具备常规政府模式之前，君主专制也早已运作了几个世纪，这些等待的时期无疑是极其动荡和痛苦的。"

四 政治和社会制度

以下这些观念显然已经被广泛接受：制度可以弥补社会的缺陷；国家的进步是制度和政府改进的结果；社会变革可以通过法令来实现。这些观念曾是法国大革命的导火索，也是当今社会理论的基础所在。

最连续的历史经验都没能成功唤醒这种严重的幻觉。哲学家和历史学家们也没能论证其荒谬性，但他们轻而易举就证明了一点：制度是观念、情感和习俗三者共同的结果，但这三者不能通过制定新的法律来做出更新。也就是说，一个民族不能凭意愿选择自己的制度，就像人不能选择自己头发或眼睛的颜色。制度和政府是种族的产物，二者并不能创造一个时代，而只能被时代创造。人民被治理的方式取决于自身的性格，而不是其反复无常的想法。形成一个政治体系需要几个世纪，而改变它同样也需要几个世纪。制度没有内在价值，也就是说其自身没有好坏之分。那些在特定时期对特定民族有利的制度，可能对另一个民族极端有害。

一个民族根本没有能力真正改变自己的制度。如果以暴力革命为代价，毫无疑问可以改变制度的名称，但其本质仍将纹丝不动。名称只是无用的标签，那些探究事物根本的历史学家完全不需要对此在意。例如，英国作为世界上最民主的国家[1]，却生活在一个君主政权之下，而最具压迫性的专制国家，却是原属西班牙的美洲各共和国，尽管它们都有共和制的宪法。人民的命运由自身性格决定，而不由他们的政府。

---

[1] 即使是美国最资深的共和党人，也认可这一事实。美国杂志《论坛》评论中明确表达了这一观点，我以下的引用出自其 1894 年 12 月刊的《对评论的评论》："即使是贵族统治最狂热的敌人也不应该忘记，英国是当今世界中最民主的国家，这个国家是个人权利最受尊重、个人拥有最多自由的国家。"——原注

我已经努力在前一本书中提出明确实例来论证这一观点。

因此，制定一部老生常谈的宪法只是在浪费时间，也是愚蠢修辞学家们无益的劳碌。当我们足够明智，允许必要性和时间共同采取行动时，这两个因素就会制定出宪法，这正是盎格鲁-撒克逊民族所采用的办法，也是这个民族伟大的历史学家麦考莱在文章中告诉我们的，所有拉丁国家的政治家都应牢记于心。从纯粹理性的角度来看，法律总是表现出各种荒谬和矛盾，在细数了法律所能带来的好处之后，麦考莱先生评论了几部宪法，包括已经被社会动荡淹没的拉丁民族宪法和英格兰宪法，并指出后者的改变总是非常缓慢，并且是基于紧迫情况之必须，而不是基于纯粹思辨性的推理。他说：

> 不要去考虑文字工整，主要应该考虑如何便于理解和执行；不要仅仅因某事不合常理就废除它；永远不要创新，除非感到痛苦，并且要消除痛苦；不要提出比具体的特定需求更宽泛的建议。从约翰时代到维多利亚时代，正是这些规则指导着我们250届议会深思熟虑地运行。

为了弄清每个民族的制度和法律究竟在多大程度上是其族群需求的表达，因此断不能通过暴力来对其进行改变，就有必要逐个考察。比如，人们很容易沉迷于那些阐述中央集权之利弊的论文，但当我们看到一个由多族群构成的人民，通过上千年努力才形成的中央集权政治模式，或者当我们观察到那些以摧毁所有历史制度为目标的革命，最终却必须求助并强化中央集权之时，我们就应该承认，中央集权不仅是人民强烈需求的结果，而且是一个国家值得考虑的生存模式，同时也应该对那些认为必须摧毁中央集权的政治家及其思维的狭隘表示同情。如果他们的尝试意外地暂获成功，就立即会成为一场可怕内战的信号①，结果就是恢复一种比旧制度更具有压迫性的、新的中央集权制度。

　　从前面论述中可以得出的结论是，制度构建并不能深刻影响大众禀赋。当我们看到某些国家，比如美国，在民主制

---

① 导致法国政党划分的原因，主要是众多社会问题在宗教和政治方面的分歧，如果将其与大革命时期和德法战争尾声表现出来的分裂主义倾向做深刻对比，就会看到法国的不同种族仍远未完全融合。大革命雄心勃勃的中央集权化和用以促进古老省份融合的新部门设立，都对完成这一工作很有帮助。如果那些缺乏远见的头脑沉迷于"逆中央集权"，其成果很快就会导致血腥的混乱。忽视这一事实就完全无法理解整个法国历史。——原注

度之下出现了高度繁荣，而其他那些原属西班牙的美洲各共和国虽然有与美国高度类似的制度形态，却生存在可怜的无政府状态下，我们就应该承认所有外来制度对某些国家意味着伟大，而对另外一些国家则意味着衰败。人民只服从其性格的统治，所有那些没有细致遵从民众性格的制度，就好比一件借来的衣服，或者暂时的伪装。当人们认为某种制度像圣人遗骸一样神奇，具有创造福利的超自然能力时，为了强制实施它，毫无疑问就会一直发生并且还将继续发生血腥的战争和暴力的革命。从某种意义上，似乎可以说，制度引发的动荡正是其在群体思维中的反应，但实际上并不是它以这种方式做出反应，因为我们知道无论取得胜利还是被征服，制度本身都不具备这种能力。真正影响群体思维的是幻象和词汇，尤其是词汇，它既虚幻又有力，我们很快就会谈到其惊人的支配力。

五 导向和教育

在当今主流思想中，影响最深远的是这样一种观念，即教育能够极大地改变人，一劳永逸地使他们进步，甚至变得平等。因为不断被重复,这个论断已成为最无可动摇的民主教条之一,现在批评它就像以前批评教会教义一样困难。

然而在这个问题以及许多其他相关问题上,民主观念都与心理学和经验的实证结果存在严重分歧。包括赫伯特·斯宾塞在内的许多著名哲学家都一致认为,教育既不能使人更道德,也不能使他更快乐,既没有改变他的本能,也没有改变他天生的激情,偶尔发生改变的情形也是那些不好的教育导致的,它极其有害而非有益。统计学家告诉我们,犯罪行为随着整体教育或者说特定类型的教育的普及而同步增加,比如无政府主义者作为社会最大的敌人,他们中很多人都在学校赢得过奖学金。最近有一位杰出的地方法官阿道夫·吉洛先生也观察到,目前每有 1000 名文盲罪犯就意味着另有 3000 名受过教育的罪犯,五十年来,每 10 万人的犯罪比例从 227 人增加到 552 人,增加了 133%。他和同事都注意到,接受过免费义务教育的年轻人,犯罪行为增加更为显著,而在法国,免费的义务教育已经取代了学徒制度。①

---

① 这一段在统计上有逻辑不严密的问题,需读者留意。

教育既不能使人更道德，也不能使他更快乐，既没有改变他的本能，也没有改变他天生的激情，偶尔发生改变的情形也是那些不好的教育导致的，它极其有害而非有益。

毫无疑问我并不是说良好的教育不可能产生有益的实际结果，没有人会这么想，毕竟教育即使不能提高人民的道德水准，至少也能发展其职业能力。不幸的是在过去二十五年里，拉丁民族的教学体系建立在非常错误的原则上，尽管有布雷亚尔、库朗热、丹纳和其他许多人的杰出洞见，教育当局仍然坚持他们可悲的错误。我不久前出版的一部作品就证明了法国把大多数体系里的受教育者培养成了社会的敌人，并为最恶劣的组织形式招募了大量信徒。

这种为拉丁民族量身定做的教育体系，主要危险在于它建立在对心理学的根本错误认识之上，即人的智慧可以通过以教科书为核心的学习来提升。按照这一观点，努力学习就是竭尽所能地去得到更多的书本知识。从小学启蒙到大学毕业，年轻人都只获得书本知识，个人判断力或原创性从未得到锻炼。教育对他们来说，就是背诵和服从。

前公共教育部部长朱尔·西蒙写道："通过课程学习，知道一些语法或梗概，并去重复和模仿，这是一种荒唐的教育形式，每一次努力都是一种默认老师绝对正确的信仰行为，唯一结果是让我们自己感到卑微和无能。"

如果这种教育仅仅只是毫无用处，人们或许会对那些不幸的孩子表示同情，因为他们被强制学习克洛泰尔[①]儿子们的家谱、纽斯特里亚和奥斯特拉西亚[②]之间的冲突或者动物分类，而不是学习更有益的东西。但实际上，教育系统带来的是比这严重得多的危险，就是使那些屈从于它的人产生了对其生存状态的极度厌恶，以及想要从中逃离的强烈欲望。工人不希望继续做工人，农民不希望继续做农民，而中产阶级中最卑微的成员则认为其子女除了成为国家支付薪水的工作人员之外，已经没有别的工作可做。法国教育的目的，不是让人们为自己的生活做准备，而是仅仅让他们通过分担公共职能来获得成功，这就意味着不需要自我驱动的能力，个人创造性也丝毫不需要。这个系统在社会阶梯的底部制造了一大批无产阶级，他们对命运不满，随时准备反抗；而在其顶部是轻浮可笑的资产阶级，兼具怀疑和轻信的双面特征，对国家怀着不可思议的信心，一方面他们视国家为神祇，另一方面却又不断指责国家，并把自身的过错推给政府，但如果没有当局的参与，他们就什么事都干不成。

[①] 克洛泰尔一世是法兰克王国墨洛温王朝的开创者克洛维一世的幼子，是第二位统一的法兰克王国的国王，他去世之后统一的王国再次分裂，被他的儿子们瓜分。
[②] 纽斯特里亚和奥斯特拉西亚是墨洛温王朝时期的两个王国。

国家通过课本教育制造了大量拥有文凭的人，却只能任用其中很小一部分，而被迫让大部分人没有工作。国家只能养活前一部分人，却让其他人成为自己的敌人，社会金字塔从下到上，从最卑微的职员到教授和政府官员，无数有文凭的人都在争抢这些职业。当一个商人艰难地想在海外殖民地市场找一个代理人时，成千上万的候选人却在寻求最低微的政府职位。仅在塞纳河区域就有两万名教师未被雇佣，但他们都鄙视田野或工厂，指望国家来维持生计。被选中的人数有限，所以不满的人必然众多，后者已经准备好迎接任何革命，无论其首领是谁，其目标为何。获得无用的知识，就是导致人们造反的最好办法。[1]

重新开始我们的进程显然为时已晚。只有经验，这位人民的至高教育者，会尽力向我们指出错误所在，也只有它有

---

[1] 这种现象并非拉丁民族特有，在中国也可以观察到。那里也由稳定的官员或公职阶层主持，在那里获得职位也需要通过竞争性考试，其中唯一的测试就是背诵冗长的教材。受过教育的失业者群体被视为真正的国家灾难。印度也是如此，英国人在那里开设学校并非像英国本土一样以教育为目的，而只是为本地居民配备一个特殊的、受过教育的群体，即文化人，当这个文化人群体不能就业，他们就成了英国统治最不妥协的敌人。对所有文化人来说，无论是否就业，教育的第一个结果是降低了他们的道德标准。关于这一点，我在《印度文明》中详细陈述过，也是所有访问过印度半岛的作家都观察到的事实。——原注

足够能力证明必须以实业教育取代令人讨厌的教科书和可悲的考试,唯有实业教育能够使年轻人回到田野和车间,回到他们现在不惜一切代价逃避的殖民地事业。

当下所有开明之士所极力倡导的职业教育,就是我们先祖从前所接受过的教育。当今世界,在那些以其意志力、原创性和进取精神统治世界的民族中,职业教育仍然充满活力。在其诸多见识非凡的文章中,伟大的思想家丹纳先生曾清楚地论证过,我们从前的教育体系就近似于今天英国和美国的。他对拉丁民族和盎格鲁-撒克逊民族教育体系极富洞察力的比较研究,也明确指出了两套系统各自不同的后果。

在某些必要时刻,人们可能也会勉强同意继续接受古典教育及其所有弊端,尽管它几乎一无是处,但毕竟它制造出的那些牢骚满腹的人和与生活格格不入的人,也填鸭式吸取了众多知识,无误重复众多教科书,顺便还提高了智力水平。但是,它真的提升了这些能力吗?唉,绝对没有!生活的成功源于判断力、经验、原创性和性格,而这些品质都不是拜书本所赐。书本就是词典,功能是用于查阅,在大脑中储存太多实在毫无用处。

职业教育为何有可能在古典教育范围之外,促进智力发展？丹纳先生已经很好地证明了这一点。他说：

> 思想只能在自然和正常的环境中形成，思想成长受到身体感官所接收到的无数印象的影响，这些影响来源于年轻人每天在车间、矿井、法庭、书房、建筑工地、医院中的实践，对工具、材料和操作的观察，与顾客和工人的交往，以及对工作完成好坏、报酬高低的体验。以这种方式，通过眼睛、耳朵、手甚至嗅觉来获得那些微不足道的细微感知，这些感知不由自主地、润物无声地雕刻着学习者的内心，并且或迟或早，或这里或那里，启发他们进行新的组合、简化、节俭、改进或发明。法国的年轻人在他们最善于学习的年龄，被剥夺了所有这些宝贵的经历，无法吸收那些必不可少的养分。在长达七八年里，他都被关在学校里，丧失了亲身体验世界的机会，但唯有亲身体验才能使人敏锐和准确地把握对人和事的理解，并能真正学会许多处理的办法。
>
> ……至少有百分之九十的人，在生命的几年之中白白付出了时间和痛苦，这是人生最重要的，甚至决定性的几年。在这些人中，首先要算上的是那些参加考试的

人中的一半或三分之二——我指的是那些没有考上的人；其次要算上的是那些成功考上大学，获得了学位、证书和文凭的人中的一半或三分之二——我指的是那些操劳过度的人。他们被苛求得太多，比如被要求在某一天，端坐在椅子上或在某个委员会面前，就某一个话题连续说上两个小时，扮演人类所有知识的两脚书柜。在特定某天的两个小时里，他们还能勉强应付，但一个月后就支撑不下去了。他们无法再通过类似考试，因为那些数量众多、累赘不堪的知识持续从他们大脑中流逝，完全没有重新补充。他们的精神活力已经衰退，曾经旺盛的生命力也已枯竭，呈现出被榨干的形象，时常表现出疲惫。他们安定下来，结婚生子，开始在一成不变的周而复始中与世浮沉，把自己局限在狭隘的工作中本分履责，但也仅此而已。社会平均而言就是这样，都在入不敷出中勉强度日。1789年之前，法国也和英国、美国一样采用了与此相反的模式，结果也同样好，甚至更加优越。

这位杰出的心理学家随后向我们展示了我们的教育体系

与盎格鲁-撒克逊人之间的区别。后者并未拥有类似于我们的众多专门学校,他们的教育也不是基于书本学习,而是基于实际课程。比如,他们的工程师是在工厂被培训,而不是在学校,这种方法让每个人的能力可达到其智力允许的最高水平。他毕业后可以成为工人,或者进一步成为领班,如果能力许可,他还可以成为工程师。相比于让终身职业取决于19岁、20岁时一次几个小时的考试,这种人生晋升的方式对个体来说更为民主,对社会的益处也更大。

在医院、矿场或工厂,在建筑师或律师办公室里,学生从年轻时候就开始逐步度过学徒期,就像我们办公室里的法律文员或工作室的艺术助理一样。在此之前,也就是从事实际工作之前,他有机会学习一些整体和概要的指导课程,以便搭建一个知识框架用以储存他未来实践中的观察所得,也能顺理成章地将他在闲暇时间学到的各种技术课程,逐步与点滴积攒的日常经验协调融合。在这种教育体系下,学生的实践能力增加了,这种教育与学生天分的发展很协调,并且在方向上也与其未来要从事的工作和即将承担的特殊职责相匹配。通过这种方式，英国和美国的年轻人迅速发展了自己的能力，在25岁或者更早，如果材料和部件都预备齐全，他就不仅会成为一个有用的执行者，还是一个天然的企业家，他不仅是机器上的一个零件，更是带动运行的马达。然而法国采用了与此相反的教育体系，每一代人都越发接近中国，巨大的人力被浪费了。

就拉丁教育体系与实际生活的要求之间日益增长的不协调，这位伟大的哲学家得出了以下结论：

  教育分为三个阶段：童年、少年和青年。即使仅从考试、学位、文凭和证书的角度来看，用在学校课本和桌椅上的知识理论教育已经过于冗长而且沉重。造成这种局面的主要原因包括：最糟糕的教育方法、不自然和反社会的教育体系、学徒实践阶段的太晚介入、寄宿学校制度、人为操练和机械的死记硬背、超时工作等。这个体系完全没有考虑到发生在教育阶段之后的事；没有考虑到人的年龄和职业；没有考虑到年轻人将被抛入的真实世界；没有考虑到年轻人未来必须被动适应或者提前妥协自我才能融入社会；没有考虑到由于人类社会的斗争，为了保护自己并拥有一席之地，年轻人应该提前被配备、被武装、被训练，并变得刚强。这种必不可少的装备、无比重要的能力、鲜活的常识、勇气和意志力，我们的教育体系都完全没有传授给法国的年轻人，不仅没能让他们获得胜任即将面对之事的素质，反而废掉了他们的能力。因此当年轻人进入这个世界，起初往往是接二连三地痛苦跌倒，浑身伤痕甚至终身残疾。这个实验既残酷又危险。在此过程中，年轻人精神和道德上的平衡受到有害影响，并且面临无法重建的风险。对年轻人来说，幻想被刺穿得如此突然和彻底，从前的欺骗有多宏大，现在的失望就有多锥心。①

---

① 见丹纳：《现代政体》第2卷，1894年。这几页几乎是丹纳最后写作的文字，它们令人钦佩地总结了这位伟大哲学家的长期经验。不幸的是，我认为这对没有在国外生活过的教授来说，完全无法理解。教育在某种程度上是唯一影响民族思想的方式，因此可以深刻且悲伤地认为，法国几乎没有人理解当下教育系统是国家衰败的最重要原因，它不是在提升年轻人，而是在使其跌倒和堕落。

我们可以将丹纳的著作和保罗·布尔热在其作品《海外》中对美国教育的观察进行有益比较。布尔热注意到，我们的教育仅仅产生了狭隘的资产阶级和无政府主义者，前者缺乏主动性和意志力。"这是两种同样有害的文明人，他们都退化为只能代表无能的陈词滥调或疯狂的破坏性。"我想说，如果把我们的法国学校（公立学校，即那些生产次品的工厂）和美国学校（即为人们我们是否偏离了群体心理学？当然没有。如果我们想理解那些今天在群众中萌芽，明天将要出现的思想和信仰，就有必要知道土壤是如何准备好的。研究年轻人现在所接受的教育，就能让我们知道这个国家未来会怎样发展。年轻人当下所受的教育，证明了对未来最悲观的设想存在合理性，因为正是通过教育，群体的思想才得到改善或恶化。因此有必要证明这种思想如何通过现行的教育体系形成，以及冷淡和中立的民众如何演变为日益增多的不满者，并随时准备接受乌托邦主义者和演说家的所有煽动。社会主义者和无政府主义者如今正在教室里培养，这也为拉丁民族即将到来的衰败铺平了道路。

的生活做出令人赞赏之准备的机构）比较，必然会引发无尽反思。真正民主的国家和仅在语言上民主的国家之间存在的思想鸿沟，在这个比较中也能清楚呈现。——原注

第二章

群体观点的即期因素

提要：

一 画面、词汇和套路

词汇和套路的神奇力量｜词汇的力量与其唤起的画面紧密相关，与其真实含义完全无关｜这些画面因时代和民族而异｜词汇的损耗｜大量使用的词汇发生重大变化的例子｜当旧事物的名称不受群众欢迎时，更换新名称具有政治洗礼的功效 ｜ 种族差异导致的词义变化｜民主在欧洲和美国的不同含义

二 幻象

幻象的重要性 ｜ 幻象存在于所有文明的根源之中 ｜ 幻象

的社会必要性｜人们总是更喜欢幻象，而不是真理

三　经验

只有经验才能在群体的思维中确立必要的真理，同时摧毁变得危险的幻象｜经验只有在经常重复的情况下才有效｜说服群体所必需的经验代价

四　理性

理性对群体没有影响｜群体只会受到无意识情感的支配｜逻辑在历史中的作用｜不可能之事的秘密原因

我们已经考察了影响群体思维的远期因素和预备因素，以及这些因素如何使群体思维生发出某种情感和观念成为可能。现在我们还需要继续考察能够以更直接方式发挥作用的因素。在这章中，我们将看到这些因素是如何被调动并充分发挥影响力的。

在本书的第一部分，我们研究了群体情感、观念和理性，由此获得的知识中，显然可以推导出对群体的思维实施影响的方法。我们已经知道是哪些因素能激发群体的想象，并已

熟知暗示的传染性及威力，特别是那些以画面形式表达的暗示。然而由于各个暗示可能有不同的来源，它们对群体思维的影响也不尽相同。这并不是一项毫无用处的研究。群体有点像古代寓言中的狮身人面像，有必要为其提出的问题找到解决方案，否则我们就会被其吞噬。

一　画面、词汇和套路

当我们研究群体的想象时，发现群体特别容易接受画面的影响而形成自己的印象。这些画面并不总是现成的，而是可以有针对性地通过运用词汇和套路来唤起。经过艺术加工之后，画面就实际拥有了魔法专家赋予它们的神秘力量。画面能在群体思维中掀起令人恐惧的惊涛骇浪，反过来又能够使其平复如常。词汇和套路的受害者骸骨，可以垒起比古老的胡夫金字塔还高得多的金字塔。

词汇的力量与它唤起的画面紧密相关，而与它的真实含义完全无关。词汇的各种含义之中，往往只有那些被歪曲的意思才拥有最重大的影响。例如民主、社会主义、平等、自由等，其含义是如此模糊，连篇累牍的书卷都不足以精确定义它们。然而可以肯定的是，有一种十分神奇的力量附着在这些短促音节上，好像它包含了所有麻烦的解决方案。它们浓缩了群体的各种无意识渴求和将其变成现实的愿望。

词汇和套路是推理和论证完全无法对抗的，当它们发出声音，并在公众面前被庄严宣告，群体就会为之色变，为之低头。许多人认为这是自然的力量，甚至是超自然的力量。它们在人的思维中唤起了宏大而模糊的画面，而这种被遮掩的朦胧感，却又更增强了其神秘的力量。它们是隐藏在帐幕后面不可测度的神灵，虔诚的人只能在恐惧颤惊中俯伏前行。

词汇所唤起的画面与文字的本义完全无关，它们因时代和民族而异，而套路则是一脉相承。某些短暂的画面会依附于某些词汇，词汇在这里就像电铃的按钮一样可以召唤画面。

并非所有的词汇和套路都有唤起画面的能力。有些词汇曾经拥有过这种力量，但在使用中逐渐失去了，不再能唤起思维中的任何反应，变成了空洞的声音，其主要作用是缓解人们独立思考的焦虑。凭借我们年轻时所学的少许套路和寻常道理，我们就拥有了度过人生所需要的一切，而不必费力去思考任何别的事情。

如果我们研究任何一种特定的语言，就可以看到组成它的词汇在时代中的缓慢变化，而这些词汇唤起的画面，或者它们指代的含义却在快速迭代。这就是我在另一篇文章中的结论，即准确翻译一种语言（特别是已死亡语言）是不可能的。当我们用法语翻译拉丁语、希腊语或梵语作品时，甚至只是努力去理解两三个世纪前使用本族语言的作品时，我们究竟是在做什么？我们只是把现代生活赋予我们的画面和观念，置于古代那种绝对直觉的认知和画面之中，但问题在于古代那些认知和画面所产生的环境与当下并无相似之处。参加法国大革命的人想象自己是在模仿古希腊和古罗马，但除了给古代词汇硬套上一个它从未有过的意思之外，他们还做了什么呢？希腊人的制度和今天所说的制度之间有什么相似之处呢？比如"共和"，在那个时代共和国本质上是一种贵族体制，是由一些小的专制君主组成的联盟，他们都统治着一群绝对服从的奴隶。这种共同的贵族政体以奴隶制为基础，如果没有奴隶，"共和"片刻都不可能存在。

再说"自由"这个词，在那个"思想自由"的可能性不曾被质疑的时代，却没有什么罪行比非议城邦神祇、法律和传统更加严重和不可饶恕,那么古希腊的"自由"又在哪方面类似于我们今天赋予它的意思呢?"祖国"这样的词对雅典人或斯巴达人意味着什么?它可能是雅典人或斯巴达人的信仰,但绝不是全希腊人的信仰,因为希腊是由相互交战的城邦组成的。对古代高卢人而言,"祖国"又意味着什么?高卢由敌对的部落和民族组成,有不同的语言和宗教,很容易就被恺撒征服,因为他总能在高卢人内部找到盟友。正是罗马人,通过赋予高卢人统一的政治和宗教而建立了高卢国家。即使不久远回溯,就在两个世纪前,难道可以相信"祖国"的概念就是当时伟大的孔代[①]亲王所理解的意思,即与外国人结盟反对自己的君主?那些以"荣誉法则"之名反对法国国王的流亡皇室人员,以及那些认为必须遵从古老封建法令,臣民应效忠于领主而非土地,国王即祖国的人,二者对"祖国"的理解不是都与现代人迥异吗?

有许多词汇的含义随着时代变迁而发生重大变化,我们所能理解的只是其经过长期有意识改造之后的词义。可以说,理清"国王"和"王室"对我们先祖来说都要颇费一番功夫,

---

[①] 孔代(Condé,1621—1686),法国王室成员,曾发动叛乱反对国王,失败后流亡西班牙。

更复杂的词义变迁就更是一团乱麻。

因此词汇只有易变的和短暂的意义,因时代和民族而异。当我们希望运用词汇对群体施加影响时,就必须知道群体在特定时刻赋予它的是哪个意义,这个意义并不是它此前的意义,也不是那些拥有不同思维构造的个体所理解的意义。

由于政治动荡或信仰变化,当群体对某些词汇所唤起的画面极其反感之时,真正政治家的首要职责无疑是变更这个词汇,而不是急于去处理其背后的事务,因为这些事务与即将被改造的旧架构关联太过紧密。托克维尔[①]很久以前曾极富见地地评论说,执政府和帝国[②]的工作就是用一批新的词汇去给大量旧制度穿上新衣服,也就是说用新的词汇来防止引发群体不愉快的画面想象。比如"地租"(taille)变成了土地税(land tax),"盐税"(gabelle)变成了食盐税(tax on salt),"劳役"(aids)变成了间接贡献和综合义务,对商业公司和行业协会征的税,变成了牌照许可费等。

[①] 阿历克西·德·托克维尔(Alexis-Charles-Henri Clérel de Tocqueville,1805—1859),法国历史学家、政治家和政治社会学奠基人。著有《旧制度与大革命》《论美国的民主》等。
[②] 1799—1802年,拿破仑担任法兰西第一共和国执政官;1804年,拿破仑称帝,法兰西共和国改为法兰西帝国。

因此政治家最重要的工作之一，就是无论如何都要用大众并不熟悉的词汇，来对大众已经无法忍受的东西进行洗礼，使其重生。词汇拥有的力量如此强大，以至于在被精心挑选之后，足以让那些令人作呕的东西重新变得可以接受。丹纳曾睿智地观察到，通过诉诸"自由"和"博爱"这两个当时非常流行的词汇，雅各宾派就能"建立一个媲美达荷美共和国的专制政权，一个堪比宗教裁判所的司法机构，并实施类似古墨西哥人一样的大屠杀"。就像此前革命理论鼓吹者的艺术一样，雅各宾党人的统治艺术首先就在于运用词汇。这种艺术最大的困难之一，就是相同的词汇对同一社会的各阶层来说通常具有完全不同的含义，各阶层表面上都使用相同的词汇，但实际上从来不是同一套语言。

前面的例子论证了时间是改变词语含义的干预因素。然而如果我们把种族也考虑进来，就会看到在同一时期，在具有同等文明程度但属于不同种族的民族之间，同样的词汇往往对应着大不相同的思想。如果不经常旅行就很难理解这些差异，因此在这一点上，我并不坚持。我只是注意到群众最常使用的那些词汇，在不同的民族中具有明显不同的含义。

例如现在经常使用的"民主"和"社会主义"。

这两个词实际上对应着拉丁民族和盎格鲁-撒克逊民族思维中完全相反的观念和画面。对拉丁民族来说,"民主"主要意味着一种从属状态,即个人的意志和主动性都要服从于国家所代表的共同体意志和主动性,也就是说国家日甚一日地把握一切方向、中央集权、垄断以及制造一切等这类倾向,这是所有党派都在呼吁给予国家的定位,在这一点上激进分子、社会主义者或君主主义者都不例外。而对以美国为代表的盎格鲁-撒克逊民族而言,"民主"却意味着个人的完全发展,国家则尽可能处于从属状态,除了警察、军队和外交关系外,国家不被允许做出任何指引,连公共指引也不行。通过以上比较我们看到,同样的词汇,对一个国家意味着个人意志和主动性的从属地位,以及国家的绝对优先性,而对另外一个国家,却意味着个体意志和主动性的过度发展以及国家的从属状态。[1]

---

[1] 在拙著《各民族进化的心理学规律》中,我详尽论述并坚持了关于拉丁与盎格鲁-撒克逊民主理想间区别的观点。保罗·布尔热先生热衷于独立旅行,他在最近的著作《海外》中得出的结论几乎和我一样。——原注

二 幻象

从人类文明早期开始，群体就一直受到"幻象"的影响，人们也为幻象的创造者们建造了很多寺庙、雕像和祭坛。无论是从前的宗教幻象，还是现在的哲学和社会幻象，这些可畏的至高力量总是处于各种文明的顶端，这个星球也因这些文明得以繁荣。正是以幻象的名义，人类才建造了迦勒底[①]和埃及的神庙以及中世纪的宏大建筑，也正是以它们的名义，社会剧变才在一个世纪前动摇了整个欧洲，以至于没有哪个政治、艺术或社会的观念能免于受到它们强大的影响。人们偶尔会以可怕的骚乱为代价，打碎这些幻象，但最终注定要复原它们的地位。如果没有它们，人类就永远无法摆脱原始的野蛮状态，如果失去了它们，人类也很快会重回野蛮。它们看似是无用的影子，但作为人类梦想的产物，无疑已经使各国创造出了很多值得夸耀的辉煌和伟大文明的艺术。

> 所有受到宗教启发的艺术作品和纪念物，如果一部

---

① 古巴比伦人的一个王国。

分在博物馆和图书馆被毁,另一部分被扔在教堂前的石板路上,那人类的伟大梦想还剩下什么呢?给人类生存提供必不可少的希望和幻象,正是众神、英雄和诗人存在的理由。然而在过去五十年里,科学承担了这个责任。可是在追逐理想的心灵中,科学已经不能胜任,因为它不能慷慨地给人类承诺什么,因为它无法撒谎。①

上个世纪的哲学家们满腔热血地致力于摧毁宗教、政治和社会的幻象,而这些正是历代祖先无数个世纪以来赖以生存的寄托。通过摧毁它们,他们也使得希望和顺服的源泉变得干涸。在这些幻象被打破之后,他们就只能直面人性中盲目和沉默的力量,这些力量不怜悯弱小,也不知何谓同情。

尽管哲学取得了一些进步,但仍未能给大众提供任何能吸引他们的理想。就像昆虫出于本能地寻找光明,人们也必然不惜一切代价去拥有幻象,于是他们本能地转向了能给予他们所欲之物的煽动者。国家进步的主要原因并非真理,而是谬误。社会主义理论当下如此强大,是因为它构成了至关

---

① 丹尼尔·勒叙厄尔语。——原注

重要的最后一个幻象。尽管有各种科学论证，其力量仍在继续增加。原因在于它得到了对现实一无所知之人的支持，而这些人只是笼统而孟浪地承诺给人类幸福。社会主义的幻象属于未来，而今天它正统治着因过去所有幻象破灭而堆积的废墟。群众从未渴望过真理，他们回避那些不符合自己口味的证据，如果谬误引其入迷，他们就将谬误视为神灵。能给他们提供幻象的人，就很容易成为他们的主人，而任何试图摧毁幻象的人，则会成为他们的牺牲品。

三 经验

如果要在群体的思维中牢固确立一个真理，同时摧毁那些变得危险的幻象，那么人类所能依赖的几乎唯一的路径就是经验。然而要达到这一目的，经验必须到达一定规模，而且必须不断被重复。一般来说，一代人的经验对下一代来说完全无用，这就是为什么引用历史进行论证通常收效甚微。历史的唯一作用就是证明了，即使只为发挥一点点作用，或者仅仅只为动摇一个已被牢固地植入群体思维的错误观点，经验究竟需要在多大程度上被不断重复。

上个世纪无疑会被历史学家称为古怪实验的时代，这类实验从未在其他任何时代尝试过。

这些实验中最宏大的一个就是法国大革命。为了验证社会不能按照纯粹理性的标准从上到下完全改造，就屠杀了数百万人，并使整个欧洲在二十年内深受其害。为了通过实验向我们证明这个道理，独裁者们不惜戕害自己声称热爱的民族，尽管他们也知道这仍然无法令人信服，但毁灭性的灾难还是在五十年内两度降临。第一次实验，代价是三百万人的死亡和一次侵略，第二次实验，国土沦丧并催生了国家常备军队，第三次实验前不久差点发生，终有一日也会到来。有必要发生一场代价惨重的战争，才能让整个国家相信庞大的德国军队并不像三十年前那样只是无须警惕的国民卫队[①]；至少二十年灾难性的经验，才能让人承认贸易保护会毁掉奉行

[①] 在这种情况下，群众的意见由那些不同事物之间的粗略联系形成，我之前已经解释过其机制。那个时期的法国国民卫队由老实的小店主组成，因而缺乏纪律，完全无须被认真对待。任何相似的名字，都会引起同样的认知，因而被视为是无害的。群体的错误也得到了当时领袖的认可，就像在处理概括性意见时经常发生的那样。1867年12月31日，某位政治家在国会大厦发表了一篇演讲，最近出版的奥利维耶先生的一本书中引用了这篇演讲，那位经常追随民众意见而从未领先过的政治家——我指的是梯也尔先生——宣称普鲁士除了拥有与法国常规军相当的常规军之外，只拥有一支与法国类似的国民卫队，因此并不重要。这些断言简直就和他对铁路在未来无关紧要的预测一样准确。——原注

这一政策的国家。这样的例子数不胜数。

四 理性

当我们列举那些能给群体留下深刻印象的各类因素时，如果不是为了指出理性影响的负面价值，那么所有关于理性的部分都可以省略。

我们已经证明群体不受理性的影响，因为群体只能理解观念之间似是而非的联系。那些知道如何给群体留下印象的演说家，总是迎合群体的情感而非理性。逻辑法则对群体不起作用。[1] 为了让群体深信不疑，首先就必须透彻理解可以

---

[1] 我对影响群体的艺术以及逻辑对群体的微弱影响的早期观察，可以追溯到巴黎被困。那天我看到元帅 V 被很多人押到当时的政府所在地卢浮宫，群众愤怒地宣称他们发现防御工事的计划被卖给普鲁士人，并要求立即处决这名囚犯。政府的一名官员，也是一名非常著名的演说家，站出来与群众谈判。我原以为他会指出这一指控的荒谬性，比如说被指控的元帅是建造防御工事的人之一，且防御工事的计划在每个书店都有售。当时我非常年轻，令我非常吃惊的是他完全不同的演说方式。他走向囚犯，大声说："正义必被伸张，而且是毫无怜悯的正义！现在请让政府国防部门接手调查。与此同时，我们将继续扣留这个囚犯。"这一明显的让步立刻让群众平静下来，他们散开了。一刻钟后，元帅得以回家。如果演说者向愤怒的人群诉之以理性和逻辑，就像我青年时代认为的那种非常有说服力的方式，那这个元帅肯定会被撕成碎片。——原注

煽动他们的那种情感,并假装与之共情,然后与其结成初步联盟,并引用一些非同寻常的暗示性概念来努力改变这种情感,如果需要的话还可以重新回到谈判之初的观点。自始至终尤为重要的,是从群体的言辞中洞察其情感的起源。类似的演说必须根据现场效果来不断调整语言,这种见招拆招的交流方式,自然就否定了提前准备长篇大论的有效性。在类似的演讲中,如果演说者一直执着于自己的思路,而不考虑听众的想法,那么他将一无所获。

有逻辑的人通常只会被一连串严密的推理说服,因此他们在面对群体时很难不使用这种说服方式,而这种论证无法产生效果时总是让他们感到惊讶。有位逻辑学家曾说:"数学的结果通常基于逻辑演绎,也就是说基于同一性,因而产生的数学结果是必然的,即使一个不能理解这种同一性的无机体,也不得不接受这种必然性。"这无疑是正确的,但群体并不比无机物更有能力听懂这种推理,甚至根本就不能理解。就好比试图通过推理来说服那些原始的头脑,例如野蛮人或儿童,这种论证方式的无效就显而易见了。

考虑到推理必然与情感竞争,所以根本没必要费尽周折站在原始生物的角度才能了解到推理的百无一用。只需要回

演说必须根据现场效果来不断调整语言,这种见招拆招的交流方式,自然就否定了提前准备长篇大论的有效性。在类似的演讲中,如果演说者一直执着于自己的思路,而不考虑听众的想法,那么他将一无所获。

想这么多世纪以来，与最简单的逻辑都有矛盾的宗教迷信是多么顽强就能明白这一点。近两千年来，最聪明的天才都要在宗教的规则面前屈膝，直到现在，其真实性才略微受到一点挑战。中世纪和文艺复兴时期都有许多开明的人，但没有一个人能通过推理认识到迷信中幼稚的一面，也没有一个人对恶魔般的罪行和烧死巫师的正当性表达出丝毫的怀疑。

群体从未被理性引导，我们应该为此感到遗憾吗？我对此不敢唐突认同。毫无疑问，理性从来不能激发出热情与刚毅，激励人类向着文明行进，这个工作是由幻象完成的。正是幻象作为无意识的产物一直引导着我们，这一点毋庸置疑。每个种族依其思维构造都要遵循命运的法则，也许正是这些法则使种族完全无法抗拒服从某些东西的冲动，即使这些冲动明显不符合理性。每个民族也似乎注定要听命于某种神秘力量，就像那种把橡子变成橡树或者让彗星循其轨道运行的力量。

我们对这类力量的点滴观察，必然基于对民族进化整体积累过程的研究，而不是源于社会进化中不时出现的孤立事实。如果只考虑那些孤立的事实，历史似乎就是一连串不可思议偶然事件的结果。一个来自加利利的木匠，不可能成为两千年来的全能之神，并且使世界上最显赫的文明也因其名而建立；起源于荒漠的几个阿拉伯部落，不可能征服希腊-罗马的巨幅疆土，并建立起比亚历山大的土地更庞大的帝国；在欧洲文明高度发达，各国已经分别确立等级制度的时代，也不可能由一个卑微的炮兵少校来统治大量的民族和王国。

让我们把理性留给哲学家去研究吧，不要执着于将其用于治理人类。或者说尽管理性的确存在，但所有文明的出现都并非基于理性，而是基于情感，比如荣誉、自我牺牲、宗教信仰、爱国主义和对荣耀的渴望等。

第三章

群体的领袖及其说服手段

提要：

一　群体的领袖

形成群体的生物都本能地需要服从一个领袖｜群体领袖的心理学｜只有他们能赋予群体信仰并组织群体｜领袖都有强力专制的倾向｜领袖的分类｜意志所扮演的角色

二　领袖的行动手段：断定、重复、传染

这些因素各自的作用｜社会从下层阶级到上层阶级的传染方式｜大众的观点很快就成为整体的观点

三　声望

声望的定义和不同分类｜后天获得的声望和个人的声望｜
示例｜声望被破坏的方式

我们现在已经了解了群体的思维构造，也知道哪些方式能让群体产生深刻印象，现在还需要考察的是，这些方式将如何实施以及由谁实施，才能在实践中发挥作用。

一　群体的领袖

当一定数量的生物聚集在一起，无论是动物还是人，都会本能地将自己置于某个首领的权威之下。

在人类群体中，领袖通常只不过是一个头目或鼓动者，但他也因此扮演了相当重要的角色。正是以他的意志为核心，群体才得以聚集并获得身份认同。他是构成异质群体组织的第一个要素，为组织进化为宗派铺平道路，并给群体做出引导。如果没有领袖，群体就是一群不知所措的动物。

领袖通常也是从被领导者开始的，他自己也已被某个观念催眠，并成了这个观念的使徒。这个观念很大程度上完全占有了他的思维，以至于除此之外的一切都消失了，所有与之相反的观念在他看来都是错误的或者盲目的。这方面一个合适的例子是罗伯斯庇尔，他被卢梭的哲学思想催眠，并使用宗教裁判所的方法来传播它们。

领袖常常是行动派，而不是思想家。他们没有敏锐的远见，也不可能有，因为远见常常会导致质疑和无作为。领袖通常具有病态型紧张、易激动、神经质等特点，也就是说他们都近乎疯狂，因为无论他们坚持的想法或追求的目标多么荒谬，他们的信念都非常坚定，以至于失去了所有理性。蔑视和迫害并不能阻挡他们，反而会使他们更加兴奋。他们可以为理念牺牲个人利益、家庭以及所有一切。领袖们连自我保护的本能都没有了，唯一所求的回报就是为观念殉道，坚定的信仰使其话语形成了影响力极大的暗示。群体总是愿意听命于意志坚强之人，而领袖恰恰知道如何让他们信服。聚集在群体中的个人都失去了意志力，因而本能地服从那些拥有其所缺品质的人。

国家从来不缺领袖，问题是这些领袖通常只是巧舌如簧的修辞家，激发他们的并不是有利于全民族利益的信念，而是个人私利，这些人竭力通过迎合民众的本能来兑现自己的私利。他们的影响或许很大，但总是昙花一现。而那些能以自己的信仰唤醒民众灵魂的人，比如隐士彼得、路德、萨伏那洛拉、法国大革命的参与者，都是在对某种信念完全信服之后才能发挥其魅力，才能在同伴的灵魂中召唤出那种被称为信仰的强大力量，这种力量能使人成为梦想的绝对仆役。

唤起某种信仰，无论是宗教的、政治的还是社会的信仰，也无论是对某个事业、某个人，还是对某种观念的信仰，一直都是群体中卓越领袖的职责，他们的影响力总是超乎想象。在支配人类的所有力量中，信仰是最巨大的力量之一，基督教传播的福音无疑就赋予了信仰以移山之力。赋予一个人信仰，就能使其力量加增十倍。历史上的诸般伟业都是由众多寂寂无闻的信徒做成，他们在信仰之外几乎一无所有。创立撼动世界的伟大宗教，开辟远至地极的帝国疆土，依靠的都不是博学之士或者哲学家，更不是怀疑论者。

前面讨论的实例中，我们考察的是伟大的领袖，他们为数不多，在历史上寥寥可数，但他们形成了绵延山脉的顶峰，思想与观念正是从这些强大的主宰者逐步传导到追随者心里。在烟雾缭绕的旅馆，信徒们用自己一知半解的话语彻夜交谈、倾诉，虽然他们几乎无法理解整件事的意义所在，但他们坚信只要伟业完成，就肯定会实现所有梦想和每一个希望。

在每一个社会领域，从最高阶层到最低阶层，一个人只要不是孤立存在，就会很快受到某位领袖的影响。大多数人，特别是民众，对自己行业之外的任何问题都没有明确和理性的想法。领袖以导师的角色服务大众，但这一角色很有可能被期刊取代，这些期刊为读者提供建议和现成的说辞，使他们免受思考之苦。

群体的领袖通常行使着一种非常专制的权威，而这种专制倾向正是他们获得追随者的必要条件。尽管没有其他方式来增强权威，但他们很容易从工人阶级里最躁动的那些人中收获到服从。他们规定了劳动时间和工资标准，还能命令罢工，并使罢工在他们规定的时间开始和结束。

这些领袖和煽动者现在越来越倾向于篡夺公共权力机关的相应地位，因为后者已经允许自己受到质疑，并甘于让自身权力被削弱。因此这些新主宰的暴政，使群众对他们的服从超越了对以往任何政府的服从。如果由于某些事故或其他原因导致领袖被赶出现场，群体就会回到原来的集体状态，不再有凝聚力或暴力对抗。在巴黎公共马车雇员的最后一次罢工中，逮捕两名领导者就立即结束了罢工。主导群体灵魂的，从来不是他们对自由的需要，而是对被奴役的渴望。他们全身心渴望着服从，以至于本能地屈服于任何自称主宰的人。

首领和煽动者可以明确分为两个类别。第一类精力充沛，意志很强大但不够持续；第二类比第一类更稀有，但意志力很持久。第一类领袖很多都具有激情、勇敢和冒险的特征，他们适合指挥突然决定的暴力行动，不顾危险带领群众，也能很快把刚入伙的人变成英雄。第一帝国时代的内伊和缪拉[①]就是这样的人，在我们自己的时代是加里波第[②]，这个缺乏天赋但精力充沛的冒险家，曾成功带领一支游击队攻下古老的那不勒斯王国，尽管守城的是训练有素的军队。

这类领袖的能量不容小觑，但其持久性并不足以支撑到那些令人兴奋的事业完成。当他们回归正常生活状态，我此前提到过的那些充满活力的英雄经常在性格中表现出令人吃惊的弱点。尽管他们已经在领导别人，但自己似乎仍无法独立思考，甚至无法在最简单的情况下自主采取行动，除非他

[①] 二者均为拿破仑麾下将领。
[②] 朱塞佩·加里波第（Giuseppe Garibaldi, 1807—1882），意大利著名军事家，对意大利统一有杰出贡献，曾被巴黎公社选举为国民自卫军总司令。

们自身也同时被别人引导和激励，或者有某个人、某个观念可作为其行动的灯塔，又或者有一条清晰可见的行进路线可供其遵循。第二类领袖，即意志具有持久力量的人，他们也许不那么聪明，但影响力却要大得多。在这类人中可以找到宗教和伟大事业的真正创始人，例如圣保罗①、穆罕默德、哥伦布和雷赛布②。他们是否聪明，或者是否偏执，都已经不再重要，世界必然属于他们。他们拥有的持久意志力是一种罕见的、极其强大的能力，有它凡事皆能。强大而持久的意志所能做到的未必总是正确的，但没有任何东西能阻挡它，无论是自然、神灵还是人，都不能。

如果要找一个强大而持久的意志成就事业的近例，就必属雷赛布这位有远见卓识之人，他将地球分为东西两半，完成了三千年来最伟大的君主都未能成就的伟业。他后来在类似事业中遭遇了失败，那是因为步入了老年。一切都会向衰老屈服，包括意志。

---

① 圣保罗（St.Paul，约3—约67），耶稣十二门徒之外的伟大传教士，曾经疯狂迫害耶稣及门徒，亲历异象之后皈依基督，写下的大量教牧书信被收录于《新约》。
② 斐迪南·德·雷赛布（Ferdinand de Lesseps，1805—1894），法国外交官，曾成功组织挖掘苏伊士运河，后又筹划打通巴拿马海峡，未果。

如果我们想了解单凭意志力可以成就些什么，只需了解挖掘苏伊士运河所必须克服的困难。亲历此事的见证者卡扎里斯博士以几句直抵人心的话语总结了这个伟大工程的完整故事，其不朽的记述如下：

> 一天又一天，一句又一句，他讲述着这条运河的重要性。他讲述着他要征服的一切，他把不可能变成可能，他遇到的一切反对、失望、挫折，都不能使他屈服。他回忆起英国如何持续不断地质疑他，攻击他；埃及和法国如何犹豫不决；法国领事如何在工程早期阶段强烈反对；被拒绝供应淡水，工人被迫因干渴而逃跑；海军部长和工程师，以及所有经验丰富和具备科学素养的人，都对这个项目充满敌意，并断言灾难即将来临，甚至已推算出其到来的日期，就像预测日食一样。

讲述这些杰出领袖生平的书可能并没有包括太多人，但他们的名字都与人类文明史上最重大的事件联系在一起。

二 领袖的行动手段：断定、重复、传染

如果要在短时间内调动一个群体，并引导他们实施各类行为，比如掠夺宫殿，或者誓死防守要塞，那么群体就必定要在暗示下快速采取行动，而所有暗示中影响力最大的就是榜样。不过要达到这个目的，群体必须事先做好一些准备。最重要的一点就是，唤起群体这类行为的领袖，都必须具有某种值得深入研究的品质，我称之为声望。

如果要向群体灌输观念和信仰，比如现代社会理论，那么领导者们会借助不同的方法，这些方法从原则上总结起来就是三点：断定、重复和传染。实施这些行为需要很长时间，但效果也会非常持久。

不附带任何推理和证明、纯粹而简单的"断定"，是使一个观念进入群体思维的最有效方法之一。断定越简洁，越不附带任何证明和论述，它就越有分量。各个时代的宗教书籍和法律典章总是采用简单断定的方式。对事业辩护的政治家们，通过广告来推销产品的商人，都深知断定的价值。

但除非断定以同样的方式尽可能多地"重复"，否则不会有真正的影响。我记得拿破仑说过，真正重要的修辞只有

一个，那就是"重复"。被断定的事物只有通过重复，才能被固化在群体的思维中，最终成为一个被证明过的真理。

直至看到重复对智慧的头脑发挥的作用，我们才能真正理解重复对群体的重大影响力。这种影响力是基于这样一个事实，即重复的陈述被嵌入到无意识自我的深层区域，并在那里形成了我们的动机。在一段时间之后，我们已经忘记谁是重复的始作俑者，但已经深信不疑，这就是广告的惊人力量。当我们听过上千遍说辞称X牌巧克力是最好的，我们就会觉得在很多渠道都听过这样的说法，最后我们就相信这是事实。当我们听过一千遍Y牌药粉已经治愈了许多名人顽疾的消息，我们自己在遭受类似疾病时就会想要尝试它。如果我们总是读结论相同的论文说A是十足的骗子，B是最诚实的人，我们最终就会相信这是事实，除非我们读到另一篇观点完全相反的文章。断定和重复各自都有强大的力量，大到足以相互对抗。

当一个断定被重复足够多次，并且在重复中形成了一致意见，就像某些知名的金融企业已经富到足以购买任何辅助服务，所谓舆论潮流就形成了，强大的"传染"机制就开始发挥作用。思想、情感、情绪和信仰在群体中具有类似于微生物的强大传染力。这种现象在自然界很常见，在动物群体中也能观察到。如果马厩里有一匹马开始啃食槽，其他马就会模仿，几只羊的恐慌也很快会蔓延到整个羊群。对聚集在群体中的人来说，所有情绪都能迅速传染，这就解释了集体恐慌的突发性。精神紊乱疾病，比如发疯，本身也具有传染性。精神病专家医生患精神病的概率高得惊人。事实上最近有人以广场恐惧症（agoraphobia）为例，证明了有些精神类疾病可以由人传染给动物。

个体受到传染，与他们是否同时处于同一地点并没有必然联系。在某些事件的影响下，人们完全可能从远处被传染，因为这些事件让所有人都产生了某种同样的心理特征，这种特征是群体所特有的。当人们的思维已经准备好接受我在上文研究过的那些远期因素之后尤其如此。一个典型的例子是1848年的革命运动[①]，它在巴黎爆发后，就迅速蔓延到欧洲大部分地区，让多国王室地位不保。

人们将很多社会现象的影响力归因于模仿，但这些实际上都是传染所引起的。我在其他地方已经论证过传染的影响

---

① 指1848年欧洲各国特别是意大利、法国、德国、奥地利等国爆发的一系列革命。

力，现在只需重述十五年前我对这个话题做出的结论。我的观点被一些作家在其最近的出版物中引用了：

> 人和动物一样都有模仿的自然倾向。因为模仿是最容易学习的，这对他很重要，也正因如此，才使所谓的时尚产生如此强大的影响。无论在意见、观念、文学表达方面，还是仅仅在服装方面，有多少人胆敢与潮流对抗？引导群体需要通过实例而非论证。每个时代都存在少数特立独行的个体，他们也会被无意识的大众模仿，但他们又不应与被大众普遍接受的观念有太大差异，因为如果这样，会使模仿他们变得很困难，导致其影响力消失。因此那些过多超越自己时代的人，通常都对时代没有影响，因为他们与时代脱节了。基于同样原因，尽管欧洲文明有各种优势，但对东方人的影响却微不足道，二者之间的差别太大了。
>
> 从长远来看，历史与模仿的双重影响会使同一国家、同一时期的人拥有很多共同之处，即使那些执意要避开这种双重影响的人也不例外，比如哲学家、学者和文学家，他们身上也都有一种共同的气场，使其所属的时代

能被立即识别出来。因此并非要和某人长时间交谈,才能对其阅读偏好、长期职业和生活环境有足够了解。[1]

传染的影响力如此强大,以至于它不仅强行赋予个体特定的意见,甚至还规定了个体感知的模式。传染也是某些作品被蔑视的原因,这些作品曾经被批评,但后来由于同样原因,受到从前那些批评者的赞赏,《唐豪赛》[2]即为一例。

群体的观点和信仰的传播主要是通过传染,而不是通过推理。目前工人阶级中盛行的观点就是在小酒馆里通过断定、重复和传染传播的,实际上每个时代群体信仰的创造方式都大同小异。勒南[3]曾形象地将基督教早期创始人类比为社会主义思想的传播者——"他们从一个小酒馆到另一个小酒馆去传播",伏尔泰也谈到基督教,他说:"一百多年来,它只被最卑劣的下等民众接受。"

需要指出的是,在前述例子中,"传染"在大众阶层大

---

[1] 见古斯塔夫·勒庞:《人与社会》第2卷,1881年,第116页。——原注
[2] 瓦格纳的歌剧。
[3] 欧内斯特·勒南(Ernest Renan,1823—1892),法国宗教学家、作家,著有《基督教起源史》。

功告成后就开始蔓延到社会的高级阶层。这就是我们现在所看到的社会主义学说的传播情况。传染是一种如此强大的力量，甚至连个人利益的诉求也消失了。

这就解释了为什么大众所接受的每一种意见，无论其荒谬程度有多么明显，最终总是极富活力地扎根在社会最高阶层的思维之中。考虑到群体的信仰总是或多或少起源于更高级观念，而这种观念在其早期形成的地方反而没有什么影响，所以较低阶级对较高阶级的逆向影响就更令人好奇。被这种更高级观念征服的领袖和煽动者于是紧紧抓住它，扭曲它，并创造出一个变形的新宗派，然后在大众中传播，大众又继续将其歪曲。终于在其变身为普遍真理之后，这个观念又回到源头，对国家的上层阶级产生影响。从长远来看，的确是智慧决定了世界的命运，但这个过程非常间接。正如我所论述过的，当哲学家的思考通过上述过程成为现实之际，他们早已回归尘土多年。

三 声望

观念通过断定、重复和传染得到普及之后，所获得的不止有巨大权力，它在此过程中也获得了一种被称为"声望"的神秘力量。

世界上任何统治力量，无论统治主体是思想还是人，主要都是通过声望所蕴含的不可抗拒之力来行使其权威。"声望"的意思我们都能理解，但其使用方式各不相同，因此不太容易被定义。声望可能包含了钦佩或恐惧之类的情绪，有时候这些情绪甚至成为权威的基础，但即使没有它们，权威仍可存在。最伟大的声望往往为死者所拥有，并以思想的方式体现，他们就是我们不再感到恐惧的那些人，例如亚历山大、恺撒、穆罕默德和佛陀。此外有一些我们并不崇拜的虚构之物，也因其被赋予的极大声望而让我们畏惧，比如印度地下寺庙里那些巨大的神灵。

在现实中，声望是个人、作品或观念对我们思维的支配。这种支配使我们的灵魂充满惊叹和敬重，从而丧失了批判能力。它所激起的情感和其他情感一样都无法解释，如果要说明它，读者可以体会一下自己对某种东西着迷时感受到的那种魅力。声望是所有权威的主要源泉。没有它，无论是神、国王还是女人，都无法实施统治。

声望可以分为两类：后天获得的声望和个人的声望。后天获得的声望是由名气、财富和声誉产生的,它可以独立于个人的声望。而个人的声望本质上是个人特有的东西,它可以与名气、财富和声誉共存或者被它们增强,但在没有这些因素的时候,个人的声望也能够存在。

"后天获得的声望"最常见,它也可称为人为的声望。只要一个人确立了某种地位,拥有财富或担任了某类职务,就被赋予声望,无论他自身的价值多么低微。一个穿着军装的士兵,一个穿着长袍的法官,都会享有声望。帕斯卡尔非常恰当地指出了法官长袍和假发的必要性,如果没有它们,权威就减弱了一半。最坚定的社会主义者也对王室或贵族印象深刻;而只要有这样的头衔,剥削商人就容易多了。[1]

---

[1] 头衔、勋章和制服对群体的影响可以在所有国家追溯到,即使是在那些个人独立情绪发展最强烈的国家也可以。在这方面,我从最近流行的一本游记中引用了几段奇谈,其中谈到了伟人在英国所享有的声望:"我在各种情况下都观察到,最理性的英国人凡接触或看到贵族,都会产生一种特殊的陶醉。只要该贵族的财富能使其保持地位,他们就能预先确定自己对贵族的喜爱之情,只要与贵族接触,他们就会乐意奉上自己拥有之物。看到贵族的到来,他们可能会高兴得容光满面;如果贵族对他们说话,压抑不住的喜悦会使他们的脸庞发红,眼睛闪烁出不寻常的光芒。可以说英国人内心深处崇尚贵族,就像西班牙人热爱跳舞,德国人热爱音乐,法国人喜欢革命一样。他们对马和莎士比亚的热情没有那么强烈,他们从中获得的满足和骄傲在生活中并不重要。与贵族有关的书籍就像《圣经》一样很有市场,受到每个人的欢迎。"——原注

只要一个人确立了某种地位,拥有财富或担任了某类职务,就被赋予声望,无论他自身的价值多么低微。帕斯卡尔非常恰当地指出了法官长袍和假发的必要性,如果没有它们,权威就减弱了一半。

我前面所说的声望是由人来行使的，实际上它也可以通过意见、文学和艺术作品等来行使，后者的声望通常是累积重复的结果。历史，特别是文学和艺术的历史，本质上都不过是重复相同的观点，却没有人敢去质疑，每个人都在重复他在学校学到的东西，却没有人对那些名字和记载有任何不敬。对现代读者来说，阅读荷马无疑会非常无聊，但谁敢这么说呢？帕特农神庙的现存状态只是一片荒芜破败、乏善可陈的废墟，但它被赋予了如此巨大的声望，以至于人们相信它真正向我们展示的是历史的余音。声望的特别之处，就是不让我们看到事物的真实状况，并极大削弱我们的判断力。群体和个人通常在所有问题上都只需要现成意见，这些意见的被接受程度与其是真理还是错误无关，完全取决于其声望的程度。

现在我来讲一下"个人的声望"，它的性质与前面所讲的人为或后天获得的声望有很大不同，它是一种独立于所有头衔和权威的品格，只有少数人拥有，但拥有它的人会对周围的人产生一种真实的吸引力，尽管他们在社会地位上是平等的，没有任何常规的统治隶属关系。他们用自己的观念和情感影响周围的人，让人服从的方式就像驯兽师驯化可能吞噬他们的猛兽一样。

群体领袖中最伟大者，如佛陀、耶稣、穆罕默德、圣女贞德和拿破仑，都拥有这种高等级的个人声望，他们所获得的地位，也在很大程度上归功于这种声望。神灵、英雄和教义能赢得追随者，也是依靠这种深入人心的力量。但它们都经不起讨论，因为声望一经讨论就消失了。

我提到的那些伟大的人物，他们在远未成名之前就已经拥有了自己的个人魅力，如果没有它，他们就永远达不到后面的巅峰。例如拿破仑在荣耀顶峰时，显然仅凭借其权力就享有巨大声望，但实际上他尚未掌握权力甚至完全不为人知时，就已经拥有了这种声望。当他还是无名将军之时，得到权贵提携被派往指挥意大利驻军，他发现自己身处一群粗暴无礼的将军之中，他们对年轻的搅局者充满敌意。但最初见到他，没有任何语言、手势或威胁的情况下，只是看到那个伟大的人，将军们就被征服了。丹纳从那个时代的回忆录中摘出了一段引人入胜的描述：

> 驻地的将军们，其中有奥热罗，他的风格类似于强盗，粗暴且英勇，拥有引以为傲的身高和勇猛。当他来到营房时，对这个巴黎派来的军界新贵极为不屑。听说

其他人对拿破仑的描述后，他表现得很傲慢和桀骜不驯：一个巴拉斯①的亲信，因旺代事件荣升将军，在学校以斗殴打架出名，外形不佳，习惯于独立思考，有着数学家和梦想家的名声。他们被带到室内，拿破仑让他们在外边等着。最后拿破仑一身戎装出现，腰束佩剑，头戴军帽，扼要阐述了作战方案并下达命令，然后让他们离开。奥热罗始终一言不发，走出门外才找回自我，恢复平常说话的风格。他和马塞纳一样，都认为这位小个子将军像魔鬼一样让人敬畏，他们都无法理解那种压倒性的巨大气势。

在成为伟人之后，拿破仑的声望也随功勋与日俱增，在那些忠心追随者心里，他已经可以与神相媲美。旺达姆将军，大革命时期一名粗暴的典型军人，比奥热罗更野蛮、更精力充沛。1815年的某天，他和达纳诺元帅一起走在杜伊勒里宫的楼梯上，在谈到拿破仑时他说："那个魔鬼般的人对我施了法术，我自己也解释不清，虽然我不害怕上帝和魔鬼，但

---

① 保罗·巴拉斯（Paul Barras, 1755—1829），法国大革命时期政治家，也是最早提携拿破仑的人。

在他面前我却会像个孩子一样颤抖,他可以让我穿过针眼,跳进火海。"

拿破仑对所有与之接触的人都具有同样的魔力。[1]

达武[2]在比较自己和马雷[3]对拿破仑的忠诚时曾经说:"如果皇帝对我们说,为了至高利益,巴黎必须马上被全部摧毁,并且不能有一个人离开或逃跑,我相信马雷会保守秘密,但他不可能不让家人提前离开这座城市。而我则害怕因此泄露机密,所以会让妻子和孩子们都留下来等死。"

要理解拿破仑从厄尔巴岛不可思议地回归巴黎[4],以及孤家寡人的他面对可能早已对其专制充满厌倦的民众,如何完成闪电式的征服,就必须时刻记住个人魅力所能发挥的惊人

---

[1] 拿破仑很清楚自己的声望,也知道如果把身边之人都视为草芥,这种声望就更会被强化。他身边之人就包括国民公会中对整个欧洲都有重大影响的权贵。当时某些流言也可以为此佐证。在某次国务会议上,拿破仑就严厉羞辱过伯格诺,他走到这人身边说:"蠢货,你的脑子哪里去了?"而伯格诺这个身材高大之人,弯着腰赔笑,任由拿破仑揪着他的耳朵。伯格诺写道:"这是令人愉快的宠信,是主人发怒时的亲昵举动。"这个事例也可以让人认识到,声望能引发何种程度的卑躬屈膝。它也让我们看到暴君对跟班的极度轻蔑——他们只被视为炮灰。——原注

[2] 拿破仑麾下名将。

[3] 曾任拿破仑的秘书和外交大臣。

[4] 1815年3月,拿破仑逃出首次被流放的厄尔巴岛,率领少量士兵回到巴黎,受到了军民的热烈欢迎,并迅速重掌政权。

影响。他只需要看一眼那些被派来迎战的将军,他们就无一例外地投降了,尽管这些人都曾发誓要抓住他回去复命。

英国将军沃尔斯利写道:

> 拿破仑从厄尔巴岛逃亡,几乎是独自一人在法国登陆,几周之内不费一兵一卒就颠覆了合法国王统治下的所有权力机构。还有比这更加令人吃惊的个人魅力的实现方式吗?从这场战役(也是他的最后一场战役)的开始到结束,他向盟友展示出多么非凡的个人魅力,迫使他们认同他的计划,他几乎是在碾压他们!

拿破仑的声望远长于他的生命,在他死后仍继续增长,后来还使他那不知名的侄子成了皇帝。通过那些至今还在不断复活的传奇,就可以知道大众对他的怀念是多么强烈。你可以随意虐待人民,成千上万地屠杀他们,当然都是通过征战的名义。实际上只要你拥有足够的声望,以及必要的才能来保持声望,你就可以对人民做任何事情。

毫无疑问,在声望的问题上我援引的是一个非常特殊的例子,但它很适合用来解释伟大宗教、教义和帝国的起源。

如果不是因为声望拥有强加于群体的权力，这样的事情就无法被理解。

然而声望的形成并非只能基于个人优势、军事战功和宗教敬畏，它的起源也可能是更中性但同样重要的，我们这个时代就有几个例子。有一位最令世人侧目，也必将被后世铭记的杰出人物，他将地球分为东西两半，改变了国家之间的商贸和交通往来模式，从而让世界为之一变。这项事业的成功，一方面是由于他的坚韧意志，另一方面也应归功于他施于周边之人的巨大魅力。为了说服那些一致持高度反对意见的人，他必须，但也只需要展示其魅力。他只需通过简短交流，就足以化敌为友。当时最大的反对方来自英国，但他一在英国出现，就取得了一致的支持。后来，当他经过南安普敦时，当地人鸣钟向他致敬；英国人至今还在着手为他竖立雕像，以表彰他的功绩。

"他征服了一切需要征服的东西——人和事、沼泽、岩石、沙土"，他不再相信有任何障碍，并希望在巴拿马复制苏伊士。他真的又和从前一样开始了，可这一次他已经老了，而山太高了，石土过于沉重，后来发生的灾难也打破了再次成就英雄的可能。他的一生展示了声望如何产生又如何消失的完整过程。在与历史上最著名的英雄比肩之后,他被自己国家的司法官员贬为最卑贱的罪犯。晚年凄冷,身后寂寥,当地民众根本没有留意到他的去世,只有外国政府向他致以历史伟人一般的敬意与哀悼。①

以上引用的各种例子都是比较极端的案例,但如果要详细梳理关于声望的心理学,就确有必要把它们放置于一系列极端案例之中,从宗教和帝国的创始人,到努力用新衣服或

---

① 奥地利维也纳的《新自由报》,以最明智的心理学洞察力深入地讨论了雷赛布的命运。我在这里引用如下:

"在雷赛布被定罪之后,人们就不再有权对哥伦布的悲惨结局感到惊讶。如果雷赛布是个骗子,那么一切高贵的幻想就是犯罪。按古人的习俗,应纪念他的荣耀,让他喝奥林匹斯山中的甘露,因为他改变了大地的面貌,使上帝的创造更加完美。上诉法院的首席法官通过给雷赛布定罪让自己不朽,因为各国将永远铭记他的名字:他把罪犯的帽子扣在一位老人的头上,以此来羞辱自己的时代,而这位老人的一生是这个时代的荣耀。

"在一个对创新充斥着官僚主义仇恨的地方,不要再谈论无法变通的正义。国家需要创新之人,他们相信自己,愿意去克服一切障碍,而不是计较个人得失。天才不能谨慎,因为谨慎并不能扩大人类活动的范围。

"雷赛布已经尝过胜利的喜悦和失望的痛苦——在苏伊士和巴拿马。在这一点上,人们推翻了成功的道德性。当雷赛布成功打通两大洋,君主和国家都向他致敬;而今天当他在科迪勒拉山脉的岩石中遭遇失败时,他就成了无耻的骗子……在这个结果中,我们看到了社会阶级之间的战争,满腔怒火的官僚和雇员通过刑法对那些超越同胞之人进行报复……现代立法者在面对人类天才的卓越思想时充满了尴尬,公众更加无法理解这类想法,所以检察官总是很容易证明斯坦利是谋杀犯,而雷赛布是骗子。"——原注

装饰让邻居眼花缭乱的普通人，无不如此。

在这两个极端之中，我们就能发现各种声望其实都来源于文明构成的不同成分，比如科学、文学、艺术等，由此也可以证明，正是声望构成了说服力的基本成分。无论有意还是无意，拥有声望的思想、观念或事物会立即以传染的方式被模仿，并迫使一代人都采用特定的情感模式和思想表达方式。这种模仿通常是无意识的，这也就说明它是最合适的。有些现代画家效仿原始人的灰白色调和生硬笔法，但很少知道其灵感的来源。他们都信奉自己的质朴风格，但如果没有某位杰出大师复活这种画法，他们恐怕对此一无所知，只能继续沿用幼稚和拙劣的画法。另外有些艺术家，他们临摹另一位大师的技法，在画布上涂满紫罗兰，但这些人并未在自然界中看到过比五十年前更多的紫罗兰，只是受到了某位画家个人风格和特别印象的影响，或者被其"暗示"，因为这位画家曾因这种不拘一格的画法赢得过巨大声望。类似的例子也可以在与文明有关的所有因素中找到。

从前面的论述可以看出，许多因素都可能成为声望的起源，成功是其中最重要的因素之一。每一个成功者，每一个成功的观念，都有一种让自身被认可的力量，也就是说不会

许多因素都可能成为声望的起源，成功是其中最重要的因素之一。无论有意还是无意，拥有声望的思想、观念或事物会立即以传染的方式被模仿，并迫使一代人都采用特定的情感模式和思想表达方式。

第二卷　群体的观点和信仰

再受到质疑。成功是获得声望的垫脚石，成功没有了，声望也就没有了。昨天被民众称颂的英雄，今天受到羞辱，就是因为他遭遇了失败。曾经的声望越高，如今的反噬就越惨烈。在这种情况下，群体认为跌落神坛的英雄和他们是平等的，英雄往日的光环不复存在，群体则为自己曾经的仰望感到愤怒。罗伯斯庇尔拥有巨大声望之时，曾杀害了很多同僚和同时代的人，可当他因盟友倒戈而失去权力，也就立即失去了声望，人们从前对他所杀之人的辱骂，现在也原封不动地落在处决他的断头台上。信徒们打碎过气之神的雕像时，总是满腔烈怒。

　　如果缺乏成功，声望很快就会消失。如果遭到异议，它也会被缓慢削弱，异议的力量也非常强大。声望从被质疑的那一刻起，就不再是声望了。长期保持声望的神灵和人从来不接受异议。因此为了让群体一直敬畏，就必须与其保持距离。

第四章

群体信仰和观点的变化界限

提要:

一 坚固的信仰

某些普遍信仰的稳定性 | 它们塑造了文明的进程 | 消灭信仰的困难 | 在什么情况下,不宽容是一个民族的美德 | 信仰在哲学上的荒谬并不妨碍其传播

二 群体的观点不断变化

不是来自普遍信仰的观点具有极端易变性 | 在不到一个世纪的时间里,思想和信仰的显著变化 | 这些变化的真正界限 | 被变化影响的事物 | 当下普遍信仰的消失以及报纸媒体的渗透,导致现在的观点更加多变 | 为什么人们对大

多数问题都倾向于漠不关心 | 政府现在无力像以前那样指导公众 | 当下由于观点分歧过大而遏制了专制

一　坚固的信仰

生物的解剖学特征和心理特征高度相似。在解剖学中，我们会看到生物某些稳定的特征，或极其细微的变化，这些变化是对漫长地质时代变化的适应。与这些稳定的、无法改变的特征共存的，还有一些极端易变的特征，通过培育或园艺的技术就可对其做出改变，这些改变有时非常显著，以至于不细心的观察者无法识别出其原有的基本特征。

在考察种族的道德特征时，我们也可以观察到同样的现象。即在种族中根深蒂固的心理成分之外，也存在一些不稳定、易变化的成分。正因如此，我们在研究民族的观点和信仰时总会发现，在其牢不可破的基础架构之上存在着某些新近植入的意见，就像岩石上的沙尘。

所以群体的观点和信仰可以分为两个不同的类别：一方面，我们有伟大的永久信仰，这些信仰持续了很多个世纪，整个文明都以此为根基，比如过去是封建主义、基督教及新教，在我们这个时代就是民族主义原则以及当代的民主和社会思想；另一方面，也有短暂的、不断变化的观点，这些观点通常是普遍观念的结果，每个时代都能看到这类观点的出现和消失，典型的例子就是影响文学和艺术的理论，例如浪漫主义、自然主义、神秘主义等。这类观点通常是肤浅和时尚的，因而也很易变，就好比深水湖面的波纹，不断出现然后消失。

真正的普遍信仰在数量上很有限，其兴起和衰落都与种族的兴衰转折同期发生，它们构成了文明的真正框架。

给群体灌输一种短期的观点并不难，真正困难的是在他们中间建立一种持久的信仰。而这种信仰一旦被确立起来，同样也很难根除它，除非以暴力革命为代价。即使是暴力革命，也只有在旧有信仰失去对人们思想的支配时才能起作用。在这种情况下，革命的作用也只是扫除已被民众抛弃的东西，尽管惯性导致其难以在短时间内被完全抛弃。革命的开头，往往是信仰的尽头。

很容易判断某个伟大信仰走向衰败的确切时刻——就是它的价值开始受到质疑的时候。每一种普遍信仰都是虚构的，它只有在不接受质疑的情况下才能存在。

但即使一种信仰已经严重动摇,它衍生出来的制度在短期内仍会保持力量,然后才会缓慢消失。只有当这个信仰最终完全失去活力,所有基于它的一切才会灰飞烟灭。到目前为止,从来没有一个国家可以不付出沉重代价就能变更其信仰,同时还能更新其文明的所有要素。在信仰消失之后,一个国家会持续更新文明要素,直到偶然发现或者接受一种新的普遍信仰,在此之前它都必然处于一种无政府状态中。普遍信仰是文明不可或缺的支柱,它们决定了观念的发展方向,也只有它们才能唤起民众的信仰,并激发出他们的责任感。

各个国家都意识到了拥有普遍信仰的功效,并且本能地明白它们的消失就是自己衰落的先兆。以罗马人为例,他们对罗马的狂热崇拜就是一种信仰,并使他们征服了世界;而当这种信仰不再,罗马就注定要灭亡。至于那些摧毁了罗马文明的野蛮人,只有当他们也获得了某种被普遍接受的信仰,才会拥有某种形式的凝聚力,进而从无政府状态中走出来。

各国在为自己的意见辩护时,总是表现得很不宽容,这种情形并非无缘无故。尽管从哲学的角度可以对这种不宽容进行批评,但它却代表着一个民族为了存在所必须依靠的美德。在中世纪,正是为了寻找或持守一个普遍信仰,才有那么多的受害者被烧死在火刑柱上，才有那么多的发明家和创新者在绝望中死去，即使他们逃脱了殉道的命运。同样也是为了维护这样的信仰，世界才经常发生可怕的混乱，才会有无数人前赴后继地死在战场上，而且未来还将继续如此。

确立一种普遍信仰非常困难，但当它被扎实植入民众思维，它爆发的力量在很长时间内就会无坚不摧，无论这种信仰在哲学上多么经不起推敲，都会对最智慧的头脑产生影响。十五个多世纪以来，欧洲人认为无可辩驳的宗教传说，仔细研究之下不也像摩洛克[1]的传说一样野蛮[2]吗？许多个世纪以来，人们都没有留意到这个传说中令人恐怖的荒谬——只是因为所造物中有一个不顺服，上帝就让儿子承受可怕的折磨。就连伽利略、牛顿和莱布尼茨这样伟大的天才，也从来没有想过这种教条的真实性应该受到质疑。没有什么比普遍信仰的催眠效果更有代表性，但也没有什么比它更能明确证明人类智力令人羞愧的缺陷。

某种新教义一旦植入群体思维，就成为群体灵感的来源，

---

[1] 摩洛克神的信徒们生焚儿童作为献祭。
[2] 野蛮，只是哲学修辞。实际上基督教创造了一个全新的文明，十五个世纪以来，它让人类得以看见那些充满梦想和希望的迷人领域，仅此而已。——原注

并由此演进出各种制度、艺术和生存方式。在这种情况下，它对人们的思维拥有绝对影响。行动家除了实现这种已被接受的信仰之外别无选择，立法者只能在其框架下行事，而哲学家、艺术家和文学家则只专注于以各种方式表达它。

从基本信念中，也可能会产生短暂的、附属性的观念，但这些观念也承载着孵化它们的信仰的印记。埃及文明、中世纪的欧洲文明、阿拉伯的穆斯林文明，都是少数宗教信仰的结果。即使是这些文明中最不重要的元素，为了使自己能在当下被接受，它们也必须打上宗教信仰的印记。

也正是由于普遍信仰的存在，各个时代之人都被裹挟在一个由传统、观点、风俗构成的罗网之中，这使他们都变得相似且难以从中挣脱。人们的行为，首先受到其信仰以及随之而来的习俗的引导，这些信仰和习俗约束着人们生活中最微小的行为，即使最独立的精神也无法逃避它们的影响。被施加于人们无意识思维之上的暴政是真正的暴政，因为它无法被反抗。提比略[①]、成吉思汗和拿破仑无疑是令人敬畏的暴君，但坟墓深处的摩西、佛陀、耶稣和穆罕默德对人类灵魂

---

① 公元1世纪的罗马皇帝。

施加的，才是一种更深刻的专制统治。政变可能会推翻一个暴君，但这对一个坚定的信仰有什么用呢？在与罗马天主教的激烈对抗中，法国大革命失败了，尽管群众的同情显然在革命这边，尽管革命者也使用了类似宗教裁判所一样无情的毁灭性措施。人类所知道的唯一真正的暴君，就是他们对死者的追忆，或者自己构建出的幻想。

普遍信仰在哲学上往往是荒谬的，但这完全不会妨碍其成功。如果没有这些神秘的荒谬，这类信仰根本就不会成功。因此社会主义者的信仰尽管也有明显破绽，但这绝不会影响其在大众中间取得胜利。它与宗教信仰相比，劣势在于以下原因，即宗教信仰所提供的幸福理想只能在来世或天国中实现，任何人都无法对此质疑，而它的幸福理想要在地球上实现。如果要将实现这一理想的努力付诸实践，其承诺的空虚即刻就会显出，信仰也就失去了声望。因此这个信仰的力量增强只能持续到其取得胜利，其理想目标一旦实现就不再具有力量。正因如此，这个新的宗教虽然也像此前的宗教一样，起初具有极强的破坏性，但在未来，它却无法发挥创造性的作用。

二 群体的观点不断变化

我们论证了坚固的信仰的影响力非常强大，如果深入这些信仰的底层，就会发现各种意见、观念和思想在其上不断涌现和消亡，有些可能只存在一天，稍微重要的那些也很少能延续过一代。我们也已注意到，这种变化中的意见很多时候都流于肤浅，而非真实，而且它们总是受到种族因素的影响。例如我们在考察法国的政治制度时发现，表现完全不同的各类政党，比如保皇派、激进分子、帝国主义者、社会主义者等，它们都有一个完全相同的理想，这个理想完全取决于法国种族的思维结构，而在其他种族中拥有类似名称的党派，却拥有截然不同的理想。无论是观点的名称还是花言巧语，都不能改变事物的本质。法国大革命中的那些人饱读拉丁文学，目光投向罗马共和国，并且沿用了罗马的法律、束棒①和长袍②，但他们却无法成为罗马人，因为罗马人是处于帝国强大的历史暗示之下。哲学家的任务就是研究在显著的

---

① 即法西斯（拉丁语 fasces 的音译），原指插着一把斧头的"束棒"，是古罗马执法官吏的权力标志，现在象征强权暴力、恐怖统治和对外侵略。
② 古罗马公民穿的宽松大袍。

表面变化背后，古代信仰的内核何以维系，以及在各种交流碰撞的观点中，哪些是由普遍信仰和种族禀赋所决定的。

在缺乏哲学检验的情况下，有理由认为群体会经常且随意地改变其政治或宗教信仰，所有政治、宗教、艺术以及文学的历史似乎都能证明这一点。

我们可以从法国历史中截取一小段作为例证，从1790年到1820年这三十年，也就是一代人的时间。在这一过程中，我们看到民众起初从君主制支持者变得非常具有革命性，稍后又支持帝国主义，最后又再度支持君主制；在宗教方面，他们在同一时期从天主教被吸引到无神论，然后转向自然神论，最后显然又回归了天主教。这一转变不仅发生在普罗大众身上，那些引导他们之人也是如此。我们惊奇地看到国民公会中的显赫人物，国王的死敌，他们声称自己既不信上帝也没有主人，却先是成为拿破仑卑微的仆役，后来又臣服于路易十八的统治，并在宗教游行队伍中虔诚地举起蜡烛。

在接下来的七十年里，民众的观点也发生了很多次变化。在拿破仑的继承者任上，本世纪初"背信弃义的英国人"[①]成

---

① 法国大革命之初，英国对革命的态度是温和地支持，但路易十六被处决后，英国联合其他欧洲国家对抗法国革命，故有此一说。

了法国的盟友，两度被法国入侵的俄国，曾津津有味地看着法国折腾，如今也成了它的伙伴。

在文学、艺术和哲学领域，观点的持续演变更为迅速。浪漫主义、自然主义、神秘主义等轮番上演和谢幕，昨天还受到欢迎的艺术家和作家，第二天就受到了极度鄙视。

我们分析各种观点在表面上的巨大变化会得出什么结论？那就是所有与种族的普遍信仰和情绪对立的观点，都注定只能暂存片刻，就像改道的河流很快就会回归主河道。那些与种族的普遍信仰或情感没有任何联系的观点，不可能拥有稳定性，即使其说辞尚有可取之处，但它们也总是受所处环境中偶然因素的支配。它们因暗示和传染而形成，出现之后又消失，就像海风吹聚的沙丘，须臾即归于无有。

在当今时代，群体的观点比以往任何时候都更加多变，这有三个主要原因。

第一，旧的信仰越来越失去影响力，它们就不再像过去那样，能影响当下短期的观点。普遍信仰的弱化，为很多没有历史也没有未来的胡思乱想扫清了道路。

第二，群体的力量在持续增加，而这种力量越来越缺乏与之抗衡的力量。我们此前论证过群体的特点之一就是思想的极端易变性，现在这种易变性可以毫无阻碍地表现出来。

第三个原因是，由于近年报纸媒体的发展，各机构提出截然相反的观点都会不断受到不同群体的追捧。每一种观点可能产生的暗示，很快就会被相反性质的暗示抵消。结果就是没有任何观点能广泛传播，所有观点都只能短暂存在。如今，每一种观点还没来得及被广泛接受为普遍观点，就已消失得无影无踪。

政府已经无力对民众发表指导意见，这是世界历史上一个全新的现象，也是这个时代最突出的特征，其主要原因就是以上三点。

就在不太遥远的过去，政府的措施、少数作家和报纸媒体还能成为公众舆论的真正载体。然而今天，作家们已经失去了所有影响力，报纸只是自说自话。至于政治家，他们远没有自己的指导性意见，唯一的努力就是听从民众观点。他们都很害怕群众的意见，有时甚至达到恐惧的程度，这也导致他们会采取极不稳定的行事方式。

因此，民众的观点在当下越来越容易成为政治上的最高指导原则。它甚至可以成为外交联盟的推动力，比如最近的"法俄同盟"，就纯粹是一场人民运动的结果。当今出现了一个奇怪现象,就是教皇、国王和皇帝都同意接受采访,以此将他们对某一特定问题的观点提交给群众评判。以前说政治不能感情用事可能是正确的,但现在当政治越来越被多变的群体冲动左右,而群体不接受理性的影响只接受情绪的引导时,我们还能这么说吗?

至于以前引导舆论的新闻界,如今也像政府一样,在群众的力量面前表现出谦卑。毫无疑问,媒体仍然具有相当大的影响力,但这只是因为它完全反映了群众的意见及其不断变化的想法。由于自身已经蜕变为信息中介,媒体已经放弃了推行一个观念或学说的全部努力,它对公众思想的所有变化亦步亦趋,这似乎是媒体为了竞争读者的必然结局。古老正统和有影响力的媒体机构,比如《宪法报》《争鸣》《世纪报》,曾被上一代人奉为神谕,现都已消失或沦为典型的现代报纸,大量新闻被夹在豆腐块文章、花边新闻和金融谎言之间。以当今报社之财力,无疑不足以允许撰稿人表达个人观点,同时这些个人观点对那些只需了解信息并希望被取悦的读者,以及对所有思辨观点都表示怀疑的读者来说,实在太微不足道。因此就连权威评论家们也只能对书籍和戏剧进行批评和打压,而无法确保它们可以成功。报社已经清醒知道,对书籍的批评和个人观点毫无意义，因此开始压缩文学评论的篇幅，只引用书名，再加上几句吹捧的客套话。二十年后，同样的命运很可能也会降临到戏剧评论领域。

密切关注民众意见的动向已成为当今新闻界和各国政府的主要工作，突发事件、立法提案、公开演讲等，事无巨细都需要掌握。这个工作并不容易，因为没有什么比群体的思想更不稳定和易变，也没有什么比群体更频繁地在是非问题上翻云覆雨。

权威的舆论导向整体缺失，同时普遍信仰又遭到破坏，这最终导致了社会各阶层的信仰出现极端分歧，以及民众对那些不触及切身利益之事毫不关心。社会主义之类的信仰问题只能在文化程度极低的社会阶层，比如工矿企业的工人中，才能找到真正的支持者，而社会中等偏下阶级的成员以及受教育程度较高的工人，他们的观点要么是彻底怀疑，要么是极其摇摆。

在过去二十五年里，社会朝着这个方向的演变十分惊人。在这之前，虽然离我们也比较近，但当时各种观点的普遍趋势还清晰可见，它们都源于对某些基本信念的接受。比如某人是一个君主主义者，那么他就不可避免地在一些历史和科学问题上持有某些明确观点；而如果他是一个共和党人，他的观点则完全相反。君主主义者很清楚，人不是猴子的后裔；而共和党人坚信自己是猴子的后裔。君主主义者恐惧大革命，共和党人则膜拜大革命。有些名字，比如罗伯斯庇尔和马拉①，必须带着虔诚的神情说出；而有些名字，比如恺撒、奥古斯都或拿破仑，提到时必须予以羞辱和谩骂。即使在索邦②，这种历史认知的方式也很普遍。③

当下的人们热衷于讨论和分析，结果就是所有观点都在失去号召力；它们的独特之处迅速消失，能够唤起民众热情的东西已经所剩无几。现代人已经越来越冷漠。

对观点影响力的消退，我们不必过分痛惜。毫无疑问，这是一个民族活力衰败的先兆。那些伟大的、拥有超自然洞察力的人，比如使徒、群众领袖等，也就是那些拥有真正强

---

① 法国大革命雅各宾派政治人物，暴力极左，后被吉伦特派刺杀。
② 指巴黎大学。
③ 从这个角度来看，法国官方历史教科书的内容就有些奇怪。这也证明了法国的大学教育体系普遍缺乏批判精神。我摘录索邦历史学教授兰博的《法国大革命》中的段落作为例子：

"占领巴士底狱不仅是法国历史上的标志事件，也是整个欧洲的标志事件，在世界历史上开创了一个新时代！"

关于罗伯斯庇尔，我们吃惊地发现他说："他的独裁统治是建立在观点、说服和道德权威之上，可以说他是有道德者的教皇！"——原注

大信仰之人，必然要比那些否定一切、挑剔苛责、冷漠无情之人拥有更大的影响力。但绝对不能忘记，鉴于民众当前已经拥有的力量，如果一种意见获得足够声望而被普遍接受，很快它就会被赋予强大的专制力量，一切都必然向它臣服，很长时间内都不会再有自由讨论的空间。民众偶尔也会是容易相处的主人，就像埃拉伽巴路斯[①]和提比略一样，但他们也极其反复无常。当民众掌权的时代到来，一个文明就会在很长时间里处于随机状态。如果说还有什么东西能推迟文明被毁灭的时刻，那就是民众观点的极其不稳定，以及他们对所有普遍信仰与日俱增的冷漠。

---

① 公元3世纪的罗马皇帝。

第三卷

不同群体的分类和性质

第一章

群体的分类

提要：

一 异质群体

异质群体的不同种类 | 种族的影响 | 群体的精神是微弱的，而种族的精神是强大的 | 种族的精神代表文明状态，群体的精神代表野蛮状态

二 同质群体

同质群体的不同种类 | 派系群体、身份群体和阶级群体

我们在本书中已经描述过心理学群体共有的普遍特征，尚待探讨的是当它们遇到相应兴奋因子时，不同类型群体分别

表现出来的具体特征。首先我们从群体的分类入手简单谈几句。

我们研究的起点是简单大众。当群体由属于不同种族的个体组成时，我们会看到群体的最低级形式。在这种情况下，群体的唯一共同纽带就是对首领不同程度的尊重。那些曾在长达几个世纪里扰掠罗马帝国的野蛮人，其种族结构很多元，这可以作为这类群体的一个例子。

有一类群体的层级要比上述群体更高，因为这类群体在某些影响下表现出了共同特征，并最终形成了单一种族。他们有时表现出群体特有的特征，但这些特征在一定程度上会被种族因素压倒。

在本书论及的各种影响下，以上两种群体都可能会演变为有组织的或心理学的群体，我们把这些群体分为以下两个类别：

1. 异质群体

（1）匿名群体（如街头群体）

（2）非匿名群体（如陪审团、议会等）

2. 同质群体

（1）派系群体（如政治派系、宗教派系等）

(2) 身份群体（如军事身份、宗教身份、劳工身份等）

(3) 阶级群体（如中产阶级、农民阶级等）

我们将按以上分类，简要地指出这些不同类型群体各自的特征。

一 异质群体

本书已经研究过这些群体的特点。这些群体由不同性质、不同职业、不同智力水平的人组成。

我们已经知道当个体加入群体并参与行动，其心理就迥异于个体心理，个体受到群体的显著影响，而个体智力对集体智力却完全没有影响，因为群体完全处于无意识情感的支配之下。

有一个基本的因素——种族，能彻底区分各种不同的群体。

我们讨论过种族所扮演的角色，并证明了它是决定人类行为的最强大的因素，其作用也总是可以在群体的性格之中得到体现。假如有两个随机聚集的群体，一个全都是单一的英国人或者中国人，另一个的成员包括不同种族，比如俄罗斯人、法国人或西班牙人，二者将会有很大区别。

让我们假设一种不太常见的情形：由于某种机缘形成了一个群体，其构成是比例大致相当的不同民族的个体，他们为了某种共同的利益暂时聚集。这种情况下，他们之间的分歧将会复杂且显著，这种分歧源于他们各自传承的思维构造所塑造的不同感知和思考模式。比如社会主义者为把不同国家的工人代表召集到大会所做的努力，总是以明显的纷争告终。一个拉丁群体，无论其多么革命或保守，总是会呼吁国家的干预来满足诉求，总是热衷于集权，甚至有些倾向于独裁。相反，英国人和美国人则不倚赖国家，只主张个人的主动性。法国人重视平等，英国人重视自由。这些种族的差异解释了为什么几乎每个国家都有不同形式的社会主义和民主。

种族禀赋对群体性格产生了最重要的影响。正是这种强大的潜在力量约束了群体精神状态的变化。与此有关的基本规律值得关注，即"随着种族精神的持续增强，群体的低等特征就会变得不那么显著"。群体的状态和主导群体的力量，都等同于野蛮状态或者回归野蛮的状态。正是通过获得一种构造稳定的集体精神，种族才得以逐渐从群体缺乏思考的力量中挣脱，进而走出野蛮状态。除了基于种族因素的分类外，对异质群体最重要的分类标准,是将他们分为匿名群体(如街头群体)和非匿名群体(如议会和陪审团)。他们最大的区别在于第一种性质的群体没有责任感,而第二种性质的群体具有责任感,这使二者行为产生了非常不同的倾向。

二　同质群体

同质群体包括三种类型:派系群体、身份群体、阶级群体。

"派系"群体形成,是同质群体组织行事的第一步。派系就意味着其组成个体虽然在教育、职业、所属的社会阶层方面具有显著不同,但他们以一个共同信仰为纽带。这方面的贴切例子是宗教派系和政治派系。

"身份"群体,是最易于组织的类型。前面提到派系群体是由不同职业、不同教育程度、不同生存状态的人因为共同信念而组成的群体,而身份群体则是由同一职业、同等教育程度或者类似生存环境中的个体组成。贴切的例子是军队团体和宗教团体。

"阶级"群体由不同出身的个人组成,但与派系群体的区别在于他们不是由共同信仰联系在一起的共同体;与身份群体的区别在于，他们不是由共同职业联系在一起。阶级群体是通过特定的利益和几乎相同的生活方式、教育程度来分类，中产阶级和农民阶级就是比较贴切的例子。

本书重点关注异质群体，并将对同质群体（派系、身份和阶级）的研究留给另一本书，不再对其展开讨论。我将对比研究几种典型的群体来对异质群体进行考察。

第二章

被称为犯罪群体的群体

提要：

被称为犯罪群体的群体 | 群体的犯罪可能是法律意义上的，但不是心理学意义上的 | 群体行为的绝对无意识 | 各种案例 | "九月屠杀"发起者的心理 | 他们的逻辑、情感、残暴和道德

经过一段时间躁动之后，群体就进入一种纯粹自发和无意识状态，在这种状态下他们受到了暗示的引导，因此实际上似乎很难将其认定为罪犯。我选择保留这种错误认定，是因为这种观点在最近的心理学研究中很流行。如果从其行为本身来考虑，某些群体的行为无疑是犯罪，但在这种情况下，

这种犯罪与印度虎仅由幼崽为了嬉戏把某人撕碎，然后将其吃掉的行为类似。

群体的犯罪通常由某个强有力的暗示所触发，参与这种罪行的个人后来坚称他们是在履行某种义务，这一点与普通犯罪大不相同。

历史上群体犯下的罪行展示了这一切是如何发生的。

巴士底狱监狱长德拉奈先生被谋杀就是一个典型的例子。在巴士底狱被攻陷后，监狱长被一群兴奋异常之人包围住，受到了来自四面八方的殴打。有人提议吊死他，有人提议砍下他的头，或者把他绑在马尾上。在挣扎中，他不小心踢到了在场的一个人。于是有人提出让那个被踢过的人割断监狱长的喉咙，这一建议立刻得到了群体的响应。

> 他们说的那个人是个失业的厨师，他出现在巴士底狱纯粹是为看热闹。既然这是大家普遍的意见，而且这被当作爱国行为，那么他就应该因为杀死一个怪物而获得一枚勋章。有人借给他一把剑去在监狱长脖子上试了下，但剑有点钝没法切割，于是他从口袋里拿出一把黑柄小刀（他的厨师工作就是切肉），成功地完成了操作。

在上述案例中可以清楚地看到群体犯罪的机制。他们服从一个强大的建议，因为这个建议是集体的意见，而且杀人犯相信自己做了一件非常有价值的事，并坚信会得到同伴的一致赞同。这种行为在法律上可以被视为犯罪，但心理学上不是。

犯罪群体的普遍特征与我们在所有群体中遇到的完全相同：很容易接受暗示，轻信，易变，好和坏的情绪都很夸张，以及表现某种道德等。

我们也能在"九月屠杀"的实施群体中找到犯罪群体的所有特征，它在法国历史上留下了最险恶的回忆。事实上它与参与圣巴托罗缪大屠杀的群体有很多相似之处。请允许我借用丹纳先生根据当时的资料所做的细节描述。

目前尚不清楚究竟是谁下达了屠杀命令，或暗示通过屠杀囚犯来清空监狱。无论是丹东还是其他人，都不重要。对我们来说，值得关注的事实在于，被指控为"屠杀凶手"的群体所接受的强力暗示。

这个凶手群体大约有三百人，是一个非常典型的异质群体。除了极少数职业恶棍外，它主要由各行业的店主和工匠组成：鞋匠、锁匠、理发师、泥瓦匠、职员、邮递员等。在其所接受的暗示影响下，他们完全相信自己正在履行一项爱国义务。他们担任了双重职务，既是法官又是刽子手，一刻也不认为自己是罪犯，正如上面提到的厨师一样。

由于强烈意识到自己责任重大，他们开始组建法庭，由此立即就能看出群体的天真和他们对正义的粗浅认知。考虑到被告的数量众多，群体于是决定，所有贵族、牧师、军官和王室成员都应该从肉身上予以毁灭，而无需对具体个案进行判决，因为在这些爱国者看来，身份就是他们有罪的证明。其余的人可以根据个人表现和声誉来判断。这样安排就使群体愚昧的良心得到了满足，于是可以合法地施行大屠杀，并极大激发出凶残的本能。我在其他地方提到过，人的这一本能通过群体能发展到很高程度。然而在群体中，常见的凶残本能并不妨碍他们出现完全相反的情感，比如在某种情况下会出现极端的温柔慈爱。

"他们对巴黎的工人充满泛滥的同情和迫不及待的关爱。在修道院，一个群体成员得知囚犯们已经二十六小时没喝水，就决心处死狱卒，要不是囚犯们帮忙说话，他们就这样做了。当一名囚犯被（临时法庭）无罪释放时，包括警卫和屠杀者在内的所有人，都带着喜悦拥抱他，疯狂地鼓掌。"然后大屠杀重新开始。这个过程始终被愉快和欢乐充满。大家围着尸体跳舞和唱歌,为女士们安排长椅便于她们观看贵族被杀。一种性质特殊的正义不断上演。

修道院屠杀中的一个刽子手抱怨女士们被安排得太远了,观看效果不佳,而且她们中只有少数几个能享受到殴打贵族的乐趣。这个评论的"正义性"得到了认可,于是人们决定让受害者在两排刽子手中间缓慢通过,刽子手有义务用刀背击打这些坏人,以延长他们的痛苦。在拉福斯监狱,受害者浑身赤裸受凌迟之刑长达半小时,然后在一个所有人都能看清的角度被一刀剖腹,内脏迸溅。

刽子手们也有自己的顾虑,并表现出我们前面提过的群体道德意识。他们拒绝盗窃受害者的金钱和珠宝,把它们都放在了委员会的桌子上。

群体思维特有的那些粗浅的推理逻辑,总能在他们的所有行为中观察到。因此在屠杀了一千二百名或一千五百名坏人后,有人说监狱里那些老年乞丐、流浪汉和年轻囚犯在白吃白喝,因此最好一并除掉,他的建议立即就被采纳了。此外囚犯中肯定有人民的敌人,例如一个名叫德拉吕的女人,是一名投毒者的遗孀,"她肯定很生气,如果她可以,她就会放火焚烧巴黎,她肯定说过这样的话。一起解决了算了!"这种证明总能令人信服,囚犯无一例外地被屠杀,其中包括大约五十名12岁到17岁的孩子,他们当然也可能成为国家的敌人,因此最好被除掉。

在一周的工作结束后,所有人都被杀完了,杀人者考虑可以让自己休息一下。他们深信自己是为了国家的利益,于是去当局索要一些回报,最热心的人甚至要求被颁发奖章。

1871年巴黎公社的历史也提供了几个与上述情形类似的案例。鉴于群体的权力越来越大,加上政府在民众面前日渐式微,我们一定会看到许多类似性质的事。

第三章

刑事犯罪的陪审团

提要：

刑事犯罪的陪审团 | 陪审团的一般特征 | 统计表明他们的决定与人员构成无关 | 影响陪审团的方式 | 辩论的风格和影响 | 知名律师的说服方法 | 陪审员倾向于从严或者从宽处理的罪案性质 | 陪审团制度的作用以及其地位被法官取代的危险

由于无法对所有类型的陪审团都展开研究，我将聚焦在最重要的一类：重案法庭的陪审团。这些陪审团为非匿名的异质群体提供了一个很好的样本。我们会发现，当他们置身于群体领袖的影响之下时，也同样表现出极易接受暗示，推理能力薄弱，以及主要被无意识情感引导的特征。在研究过程中，我们将有机会观察到那些不熟悉群体心理学的人可能犯错误的有趣例子。

首先，陪审团为我们提供了一个很好的示例，证明了在构成群体的各种要素中，心智能力的影响力微不足道。我们已经看到，当一个评审委员会被召集讨论、决策某个不完全属于技术性的问题时，智力的作用就可以忽略。比如，如果一群科学家或艺术家只是通过聚会形成一个群体，那么他们对一般性问题所发表的意见，与一群石匠或杂货店店主聊天所发表的意见相比，不会有什么不同。挑选陪审员的方式在不同时期有所不同，1848年以前，法国政府在召集陪审团时会仔细甄别人选，比如从教授、官员、文人等有文化的社会阶层中挑选陪审员。而现在的陪审员大部分是从小商人、小资本家和职员中招募而来。然而令专家意想不到的是，无论陪审团由谁构成，裁决都具有完全相同的特点。即使是对陪审团持敌视态度的地方法官们也认为这一结论完全属实。前任重案法庭庭长贝拉尔·德·格拉热先生在其《回忆录》中用以下段落表达了自己对这个问题的看法：

陪审员的人选决定权实际上掌握在市政议员手中，他们根据自己政治和选举制度的需要，把人列入名单或从中剔除……他们选出的大多数陪审员是普通商人，其社会地位不如以前那些人，此外他们还会选择那些隶属于政府行政部门的雇员……一旦扮演了法官的角色，意见和职业就不相关了。很多陪审员都拥有新手的热情，怀着善良意图的人通常也以同样谦卑的姿态出现，但陪审团的精神并没有改变，它的判决还是老样子。

关于上面引用的段落，我们要记住的是这个正确的结论，而不是薄弱的论证过程。没有必要对陪审团的弱点感到过于惊讶，因为律师与地方法官同样都不懂群体心理学，因此也不了解陪审团的心理。关于这个观点，我在上述段落的作者那里找到了依据。他说拉绍先生是重案法庭最优秀的执业大律师之一，在一次陪审团全由知识分子构成的情况下，他曾精心使用律师权利去驳斥某位陪审员，然而经验最终再次印证了这种反驳完全无效。事实证明目前的检察官和律师，至少那些隶属于巴黎律师协会的律师，已经完全放弃了反对陪审员的权利；正如格拉热先生所说，陪审团的判决并没有改变,"它们既没有更好,也没有更坏"。

与所有群体一样,陪审团很容易被情感打动,却很少受到辩论的影响。一位律师写道:"他们见不得母亲给孩子喂奶,或者孤儿之类的场景。"格拉热先生说:"一个女人只要外表好看,就足以赢得陪审团的好感。"

陪审团对那些可能让自己也成为受害者的罪行毫不手软,当然这些罪行对社会也最具威胁,但相比之下,他们对那些出于感情冲动的违法行为却非常宽容。陪审团很少重判杀死婴儿的未婚母亲,或因为被诱奸、被抛弃而向男人泼硫酸报复的女人,因为他们本能地觉得,这类罪行对社会的正常运行影响轻微①,甚至还认为如果国家法律不保护被遗弃的女孩,那么她自己实施报复也是利大于弊,至少能震慑那些潜在的诱奸者。

---

① 有必要提一下的是,陪审团本能地将罪行划分为危险罪行和不危险的罪行,这并非不公正。刑法的目的显然是为了保护社会不受危险罪犯的侵害,而不是为了报复社会。另一方面,法国法典,尤其是法国地方法官的思想,仍然充满了古老原始法律的复仇精神,而"判决"(vindicte)这个词源于拉丁语 vindicta,意思就是复仇。地方法官中这种倾向的一个证据是,许多法官拒绝采用《贝朗热法》,该法律主张犯罪的人不用被判刑,除非他再次犯罪。但是,地方法官不可能不知道,统计数据已经证明,第一次施加刑罚无疑会导致受惩罚人再次犯罪。尽管如此,当法官释放一个被定罪的人时,他们总觉得没有为社会报仇,与其如此,他们更愿意制造一个危险的、确凿无疑的罪犯。——原注

与所有群体一样,陪审团很容易被情感打动。"他们见不得母亲给孩子喂奶,或者孤儿之类的场景。"

陪审团和其他群体一样容易受到声望的影响。格拉热先生曾非常智慧地评论说，虽然陪审团的构成非常民主，在好恶方面却很贵族化，"名望、身世、巨大财富、知名度以及一个优秀律师的协助等，被告的一切优秀特征或者能给其带来光环的东西，都对他非常有利。"

一个好律师应该重点研究陪审团的感受，并且像应付所有群体一样，减少辩论，或者只使用粗浅的说理方式。有一位英国大律师曾因在重案法庭取得成功而闻名，他很好地阐述了律师应遵循以下行动套路：

> 在为被告做辩护陈词的时候，要仔细观察陪审团，做到这一点，就已经把握了最有利的机会。律师要基于洞察力和经验读懂自己的每句话在陪审员脸上的反应，并由此逐步得出结论。第一步是确认哪些陪审团成员已经接受了他的辩护理由，这项工作要很快做完，因为此后马上就要把注意力转向那些似乎有不同意见的成员，并认真思考他们为什么对被告怀有敌意。这是律师工作中最微妙的部分，因为在正义感之外，还可能有无数理由可以判定一个人有罪。

寥寥数语就还原了演讲术的全部机制,让我们明白为什么事先准备的演讲都收效甚微,以及为什么有必要根据群体的反应来不断调整措辞。

辩护律师并不需要陪审团所有成员都改变观点,只需影响其中能决定整体观点的核心人物即可。就像其他群体一样,陪审团中也有少数人充当其他人的引导者。上面提到的那位律师说:"根据经验,我发现一两个强势之人就足以决定陪审团的判决。"最关键的往往只是极少数人,律师们需要通过巧妙暗示来使其信服,最重要的是必须先取悦他们。当群体的某个人已经被成功取悦的时候,就离让其信服不远了,他们会倾向于接受律师提出的任何观点。作为对以上说法的补充论证,我从有关拉绍先生的有趣记述中摘录了以下轶事:

> 在拉绍发表的所有法庭演讲中,他从不忘记把目光投向那两三个他认为有影响力但固执的陪审员,通常他都能成功赢得这些顽固陪审员的支持。然而有一次在某个省,他不得不应付一个陪审员,用最狡猾的理由争论了三刻钟也没有成功。此人是第七陪审员,坐在第二排第一把椅子上。庭审陷入僵局。在充满激情的辩论中,

拉绍突然停了下来对庭长说："您能允许把前面的窗帘合上吗？第七陪审员已经被阳光照得睁不开眼了。"这位陪审员笑着对律师说了声感谢。显然他已经开始支持这位辩护律师了。

尽管陪审团制度是我们防范专横的身份群体[①]一再犯错的仅有屏障，但包括许多优秀作家在内，最近很多人对陪审团制度展开了猛烈抨击。他们中有些人主张全部从受过良好教育的阶层中招募陪审团，但我们已经证明过，即使在这种情况下，陪审团的判决也会与现行制度下完全相同。另外一些作家则痛斥陪审团所犯的错误，提出废除陪审团，由法官取而代之。令人费解的是，这些纸上谈兵的改革者竟然忘记陪审团被指责的错误其实是源于法官，因为当被告在见到陪

---

① 事实上地方法官是唯一行事专横的行政群体。尽管发生过种种革命，但民主的法国并不拥有英国人引以为豪的《人身保护令》。我们驱逐了所有暴君，但在每个城市都设立了一个地方法官，可以随意处置公民的荣誉和自由。一个微不足道的审查官员（英国没有对应的职位设置），刚从大学毕业就拥有令人厌恶的权力，可以随意把地位最显赫的人送进监狱，而且不必向任何人说明其行为的合法理由。他能以调查为借口把这些人关在监狱里六个月甚至一年，最后释放他们，而不给予他们任何赔偿或解释。"逮捕令"在法国就完全等于曾被一致谴责的"国王密令"，差别在于后者只有身居高位的人物才能使用，而目前施行的"逮捕令"则是整个公民阶层手中的工具，而他们远称不上是非常开明或独立的公民。——原注

审团之前就已经被地方法治官、检察官和正式庭审前的起诉庭等认定为有罪了。因此他们应该清楚的是，如果被告只交由法官审判，而陪审团并不参与其中，他将失去被判无罪的唯一机会。陪审团的错误一直以来就是地方法官的错误。因此当严重的司法错误出现时，唯有地方法官应该受到指责，例如最近对L医生的诉讼就是这样。一个智力障碍的女孩控诉这位医生为了三十法郎对她进行了非法手术，一位愚蠢透顶的地方法官竟然也立案起诉。如果不是舆论压力巨大导致国家法院首席法官将医生释放，医生恐怕早就锒铛入狱了。这位被告得到了同胞们对他令人尊敬的品格的认可，这个案子的低级错误因此显而易见。地方法官们自己也承认了这一点，但出于身份因素考虑，他们想尽办法阻止首席法官签署赦免令。在所有类似事情上，陪审团面对难以理解的技术细节，自然会听取检察官的意见，毕竟这件事已经由受过训练的官员对复杂情况进行过调查。那么谁才是这类错误的始作俑者？陪审团还是地方法官？我们应该坚决支持陪审团，它也许是唯一不能被任何个人取代的群体，也只有它才能缓冲法律的严厉性。因为法律面前人人平等，这在原则上是盲目的，即不考虑也不承认任何特殊情形。所以法官出于职业习惯的严厉态度，更看重法律文本而难以施以怜悯，他会对犯有谋杀罪的窃贼和贫穷的、被诱奸者抛弃而被迫杀婴的可怜女孩处以同样的刑罚。而陪审团则本能地认为，被诱奸的女孩比诱奸者的罪行要轻得多，如果诱奸者不受法律制裁，那么女孩也应该得到宽容对待。

因为我熟悉身份群体的心理，也了解其他类别群体的心理，所以当我发现一个错误诉讼的案件时，我会更愿与陪审团沟通，而不愿与地方法官打交道。因为前者让我还有一丝机会挽回清白，后者则不太可能给我这个机会。群体的力量很可怕，但某些身份群体更可怕。普通群体可以被说服，身份群体则不可能。

第四章
选民群体

提要：

选民群体的一般特征 | 说服他们的方式 | 候选人应该拥有的品质 | 声望的必要性 | 为什么工人和农民很少从自己的阶层选择候选人 | 词汇、套路对选民的影响 | 选举演讲的常规模式 | 选民的意见是如何形成的 | 政治委员会的权力 | 它们代表着最令人生畏的暴政形式 | 大革命时期的委员会 | 尽管普选权没有什么价值，但也无法被取代 | 为什么即使选举权被限制在部分公民阶层中，选举结果仍会保持不变 | 各个国家普选权的表现方式

选民群体，也就是被赋予选举某些特定职务的权力的异

质群体。由于他们的行为仅限于一个确定的任务，即从不同候选人中进行选择，他们就只具备前文所描述的群体特征中的某几项。在群体所具有的特征中，他们尤其表现出了推理能力弱、缺乏批判精神、易怒、轻信和思维简单。此外，在他们的决策中可以追溯到群体领袖的影响，以及我们此前所列因素——断定、重复、声望和传染——的作用。

接下来让我们来研究可以用什么方法来说服选民群体。从那些最成功的方法中，我们可以很容易演绎出他们的心理。

最重要的是候选人应该拥有声望。个人的声望只能被财富产生的声望取代。而个人的禀赋甚至天才，都算不上成功的重要因素。

另一方面最重要的是，拥有声望的候选人必须能够不容置疑地强行赢得选民支持。选民大多是工人或农民，他们之所以很少从自己的阶层中选择一个人来代表他们，是因为这样的人在他们中间没有声望。他们偶尔也会选举一个与自己相同的人，这通常出于某些次要原因，例如对某个杰出之人的嫉恨，这个人可能是选民们日常依赖的有影响力的雇主，而通过选举，他们就能够幻想自己反过来成了他的主人。

拥有声望也并不足以确保候选人成功。因为选民特别沉迷于候选人对他们的贪婪和虚荣心的奉承,他们必须要被最奢侈的甜言蜜语淹没,所以候选人必须毫不犹豫地向他们做出最美妙的承诺。如果选民是工人,候选人就必须竭尽可能地抹黑和侮辱他们的雇主。至于竞争对手,候选人则必须尽量破坏对手的机会,通过断定、重复和传染来让选民相信对手是一个十足的恶棍,犯下了诸多众所周知的罪行。当然不需要费力找什么证据来支持这些说法。如果对手不熟悉群体的心理,试图通过争论来为自己辩解而不是简单粗暴地以否定来回应,他就没有任何成功的机会。

候选人的书面方案不应过于明确,以免对手日后翻旧账批评他。然而在演讲中他必须无所不言其极,即使最重要的改革也可以大胆承诺。浮夸之词在竞选时刻呈现出巨大效果就足够了,但这些口头承诺对未来没有任何约束力。长久以来的规律就是如此,选民从不思考自己支持的候选人会在多大程度上按承诺的竞选方案施政,因为他们相信竞选中的承诺都是得到保证的。

在上述论证中,我们描述过的说服因素都已经得到验证。我们将在词汇和套路所发挥的作用中再次遇到它们,我们已经强调过词汇和套路的魔力。一个知道如何利用这些说服手

一个知道如何利用这些说服手段的演说家，可以对群体为所欲为。有些表达，比如臭名昭著的资本、卑鄙的剥削者、令人钦佩的工人、财富的社会化等，尽管已经因使用过多而略嫌陈旧，但总是能产生同样的效果。

段的演说家，可以对群体为所欲为。有些表达，比如臭名昭著的资本、卑鄙的剥削者、令人钦佩的工人、财富的社会化等，尽管已经因使用过多而略嫌陈旧，但总是能产生同样的效果。如果候选人能找到一个新的语言套路，即使这个套路空洞而缺乏精确含义，但只要便于迎合群体各式各样的欲望，就无疑会获得成功。1873年血腥的西班牙革命就是由这些复杂神奇的、每个人都可以对其做出解释的说法所引发。当时的一位作家曾细致描述过这类说法的缘起，很值得在此引用：

> 激进分子声称当时的集权制共和国只是君主制的伪装面具，于是为了顺应民众呼声，西班牙议会就一致同意成立联邦共和国。虽然没有选民能理解自己投票的含义，但这个套路使所有人都感到很开心，欢乐的氛围令人陶醉直至疯狂，仿佛美德和幸福主导了整个世界。此时如果有共和党人被政敌认为他不是联邦主义者，他就会认为自己受到了致命的侮辱。街头的人们相互道贺说："联邦共和国万岁！"此后他们又开始赞美士兵不听从命令这种神秘的美德，并鼓吹士兵自治。"联邦共和国"到底意味着什么？有些人认为这是指解放各省，实施一

种类似于美国的制度，以及行政权力的去中心化；其他人则认为是消灭所有权力，于是迅速开始大规模社会清算。巴塞罗那和安达卢西亚的社会主义者主张公社的绝对权力，他们提议在西班牙建立一万个自治区域，单独立法，并废除警察和军队。在南部省份，骚乱很快就从一个城镇蔓延到另一个城镇，从一个村庄蔓延到另一个村庄。有村庄直接宣布，它的首要任务是摧毁电报线和铁路线，从而切断与邻区和马德里的所有联系。联邦制已经演变成各地无限度的自治，最不起眼的小村庄也决心独立。伴随着屠杀、纵火和各种暴行，血腥的狂欢氛围弥散在西班牙全境。

推理对选民群体的思维只能产生微弱影响，如果对这个结论有任何怀疑，都是因为没有阅读过竞选会议的报告。在这样的会议中，人们互相吹捧、谩骂，甚至殴打，但从不辩论。如果在某个时刻出现沉默，那是因为有某个"惹不起的家伙"宣布他要质问候选人一个令人尴尬的问题，观众总是喜欢这类场面。然而反对党的满意也总是短暂的，因为提问者的声音很快就被其他不同意见的喧嚣淹没。以

下关于公共会议的报告是从数百个类似样本中选出的,可被视为这类会议报告的日常:

> 会议的组织者之一提出大会应该选举一位主席,于是风暴就爆发了。无政府主义者跳上讲台,占领了委员会的会议桌。社会主义者进行了有力的辩护。双方激烈交锋,都指责对方是受政府资助的间谍,诸如此类。……有人眼眶淤青离开了会场。
>
> 委员会终于在混乱中成立了,接下来发言的权利交给了X同志。
>
> 演说者开始对社会主义者发起猛烈抨击,于是对方打断演说者,并大喊"白痴、恶棍、黑手"等,X同志则提出一个理论,回应说社会主义者才是"白痴"或者"小丑"。
>
> 昨天晚上,阿勒曼派在福柏格教堂街的商务会议厅召集了大会,准备5月1日发起工人集会,会议提出的口号是:"平静和安宁!"
>
> G同志暗指社会主义者是"白痴"和"骗子"。
>
> 听到这些话,演说者和观众之间就开始相互谩骂。椅子、桌子和长凳都变成了武器。

以上种种，大致如此。

千万不要认为上述情形只适用于顽固的选民，或者会因群体的不同社会地位而异。实际上在每一个匿名集会中，即使成员完全由受过高等教育的人组成，他们的讨论也总是呈现出同一模式。我证明过，当人聚集在群体中时，他们会有一种心智平均化的倾向，这在各方面都可以找到证据。举个例子，以下是我从1895年2月13日的《时报》上摘录的一次学生会议报告：

> 随着天色渐晚，骚乱加剧了。我不相信有哪个发言者能成功说完两句话而不被打断。每说完一句，就会有人从这里或那里，又或许是全场，发出喊声。掌声中混杂着嘘声，观众激烈争论，威胁地挥舞着棍棒，有些人敲打地板，打断演讲的人引来听众的高喊："让他滚出去！"或者是："让他说！"

> C先生将可恶、懦弱、邪恶、丑陋、贪污、报复这些罪名都加在协会身上，他宣称自己要将这些罪行全部摧毁。

诸如此类。

人们可能会问，在这种情况下选民如何能形成一致意见呢？提出这样的问题，就意味着对群体所享有的自由尺度还存有奇怪的错觉。群众只持有一种被强加给他们的观点，而且他们也从不以理性观点为荣。选民的意见和选票都掌握在选举委员会手中，而选举委员会的精神领袖通常是酒馆老板，他们能给工人赊账，因此影响颇大。谢雷先生是当今民主运动最勇敢的拥护者之一，他写道："你知道什么是选举委员会吗？它不仅是我们制度的基石，也是政治机器的优秀成果。法国现在就是由选举委员会统治。"①

只要候选人对选民来说还过得去，并拥有足够的财政资源，对选民群体施加影响实际上并不难。有捐款者坦言，300万法郎足以确保布朗热将军再次当选。

---

① 无论委员会是何种名义，俱乐部也好，工会也好，都作为群体构成了最可怕的危险。它们实际上代表着非个性化的人，因此也是最具压迫性的暴政形式。人们认为委员会的领袖是以集体的名义发言和行动，因此他们被免除了一切责任，并且可以按照他们的意愿去做。即使是最野蛮的暴君，也从未敢想象过革命委员会颁布的这种禁令。巴拉斯宣布他们对国民公会发动了大规模人员清洗，然后可以任意选举参会成员，因此只要以委员会的名义说话，罗伯斯庇尔就掌握着绝对权力。当这个可怕的独裁者出于个人骄傲与委员会分离的那一刻，他就失去了这种权力。群体的统治就是委员会的统治，即群体领袖的统治。难以想象还有比此更恶劣的专制。——原注

这就是选民群体的心理学。它与其他群体一样：没有更好，也没有更坏。

在上边的论述中，我并没有得出反对普选的结论。如果让我来决定普选制的命运，我也会出于实际原因将其保留，这些原因是从我们对群体心理的研究中推断出来的，请允许我再做些详细阐述。

普选毫无疑问具有不容忽视的弱点。必须承认的是，人类文明始终是少数拥有高级智慧之人的杰作，这些人是人类金字塔的顶峰，而金字塔的各个层次随着群体智力的下降而逐渐扩大，这代表着一个民族中的大众。但一个文明伟大与否，绝对不能寄希望于仅拥有数量优势的低级阶层所投出的选票。群体的投票往往也非常危险，它们已经使法国遭受了几次入侵，为社会主义铺平了道路。从这一点看，人民主权的奇想很可能使我们付出更大代价。

如上所言，尽管这些不同意见在理论上能成立，但实践中完全没有力量，如果大家还记得本书前面说过当观念被转化为教义之后就会变得不可战胜，我们就会承认这一点。从哲学的角度看，大众主权的教义和中世纪的宗教教条一样站不住脚，但目前它享有和宗教教条一样的绝对权力，也和它们一样势不可挡。我们不妨假想一下，一个现代自由思想家奇迹般地穿越到了中世纪，当他看清宗教思想绝对掌权的事实之后，你认为他还会试图攻击它们吗？当他因为被指控与魔鬼做交易或者参加女巫的安息日崇拜，而落到某位决意将其送上刑柱的宗教法官手上时，他还会怀疑魔鬼或者女巫安息日的存在吗？对抗群体的信仰就像对抗飓风一样不明智。普选的信仰如今已经拥有了基督教教义从前拥有的那种绝对权力。演说家和作家在提到普选权时的那种仰慕和阿谀，就连路易十四也不曾享有过。因此对待普选权，必须采取与对待所有宗教教义一样的立场，只有时间能改变它。

企图破坏这一教义必将于事无补，因为它已经具备了一种对其有利的理性表象。托克维尔曾公正地说过："在一个平等的时代，因为各人之间的相似性，人们对彼此都没有信心，但同样的原因也使他们对公众判断几乎有无限信心，原因在于，既然所有人都受过同等的教育，那么真理和人数的优势就必然是正相关。"

那么如果我们限制选举权，仅将其授予那些有智慧的人，就一定会使群体投票的结果得到改善吗？不，我绝不这么认为。此前我已经论证了所有群体都具备思维能力低下的特征，并且这个特征与群体的构成无关。在群体中，所有人总是表现出同样平庸的思维能力，在社会普遍问题上，四十名博学之士的选票也不会比四十名引车卖浆者高明。比如在帝国重建的问题上，我完全不相信如果选民全都从有学问和受过教育的人中产生，会和饱受指责的普选选民做出的决策有很大区别。一个人并不会因为懂希腊语或数学，或者是建筑师、兽医、医生或大律师，就被赋予应对社会普遍问题的特殊智慧。我们所有的政治经济学家都受过高等教育，大多数人还都是教授或院士，但他们是否能在一个普遍的问题上，比如贸易保护、金银双本位制等，成功达成一致？能给出的解释就是，他们拥有的所谓科学知识，只相当于人们的无知轻微降低的程度。而关于社会普遍问题，因为未知因素太多，所以人们基本上同样无知。

因此可以说，如果选民完全由拥有科学知识的人组成，其做出的决策也不会比目前的好，因为他们将主要以自己的情绪和党派精神为导向。在这种情况下，我们不仅无法避免现在必须面对的困难，还可能受到身份群体暴政的压迫。

群体的选举权无论是否受到限制，无论是在共和制还是君主制下，无论是在法国、比利时、希腊、葡萄牙还是西班牙，它在各地都是一样的，一切说的和做的，都是种族无意识愿望和需求的表达。在每个国家，当选者的普遍意见就反映了种族的禀赋，它们不会在短短的两代人之间就发生实质性变化。

如上所述，我们经常遇到种族这一基本概念，并以此概念为基础进而产生另一种认识，即制度和政府在一个民族生活中的重要性微不足道。人们主要受种族的禀赋引导，准确地说，是受种族整体禀赋中遗传下来的那部分引导。种族和日常所需的桎梏，才是支配我们命运的神秘主宰。

第五章
议会

提要：

议会表现出非匿名异质群体最显著的共同特征｜议会意见的简单化｜议会的易受暗示性及其局限｜议会根深蒂固的意见和不断变化的意见｜议会总是优柔寡断的主要原因｜领袖的作用｜领袖声望的原因｜领袖是议会真正的主人，因此议会实际上只有少数人投票｜领袖拥有的绝对权力｜他们演讲艺术的主要技巧｜短语和画面｜领袖顽固和狭隘心理的必然性｜如果没有声望，演讲者的观点不可能获得认同｜议会的情绪无论好坏都是夸张的｜某些时刻会自动爆发｜国民公会的会议｜议会失去群体特征的情况｜专家在出现技术问题时的影响｜议会制度的优

势和危险 | 它适应了现代的需要，但带来了财政浪费和对自由的限制 | 结论

议会是非匿名异质群体的一个典型例子，尽管其成员的选举方式因时代和国别而异，但都表现出非常相似的特征。在这种情况下，种族的影响会削弱或夸大群体的特征，但不会妨碍他们的表现。希腊、意大利、葡萄牙、西班牙、法国和美国等截然不同的国家议会，却在辩论和投票中表现出很大程度的相似性，让各自的政府都面临同样的困难。

议会制度还代表了所有现代文明民族的理想。这一制度体现了以下观点，即一大群人比少数人更有能力就特定问题做出明智和独立的决策。虽然这一观点在心理学上被验证是错误的，但已经得到了人们普遍的认同。

群体的一般特征在议会中得到显著体现，比如智力的简单化、易怒、易于接受暗示、感情夸张和少数领袖的优势影响力等。然而由于议会成员特殊的构成，我们将很快谈及这一群体呈现出的某些独有特点。

意见的简单化是他们最重要的特点之一。在这一点上所有党派差别不大，但拉丁民族国家尤为显著。这类群体都有

一种稳定的倾向,即通过那些理论上放之四海而皆准的简单、抽象原则来解决极其复杂的社会问题。这类原则因党派而异,但因构成群体的成员是群体的一部分,他们总是倾向于夸大其原则的价值,并将其发挥到极致,所以议会总是代表极端意见。

法国大革命中的雅各宾党人可以视为议会意见简单化的最佳例证。他们都是教条主义者,信奉逻辑,脑子里充满了模棱两可的概念,忙于套用那些僵化原则,而不关心事实本身。人们说他们经历了大革命,却没有看到大革命,这不无道理。他们基于极其简化的教条,就幻想自己能从上到下重塑社会,结果使一个精致的文明退回到人类早期的古朴年代。他们为实现梦想所诉诸的方法都带有绝对简单化的印记,也就是致力于摧毁阻挡他们前进的一切障碍。吉伦特派[①]、山岳派[②]、热月党人[③]等这类群体都受到同样的精神驱动。

议会群体很容易接受暗示,而且就像所有群体一样,这

[①] 法国大革命时期国民公会中的温和派代表。
[②] 法国大革命时期国民公会中的极端派代表,雅各宾党人的核心力量。
[③] 法国大革命时期反对罗伯斯庇尔的各派人物的联合,代表在革命中形成的温和派资产者的利益。

个暗示通常来自拥有声望的领袖。不过值得一提的是，议会易于接受暗示的特性具有非常明确的限制。

在所有涉及区域或局部利益的问题上，议会的每一个成员都持有固定的、不会更改的意见，再多的争论也无法将其动摇。即使有德摩斯梯尼①的才能，也无力改变一名议员在诸如蒸馏酒的经营特权或贸易保护等问题上的投票，因为这些问题涉及有影响力的选民的利益。这些在投票之前就确定的意见保持绝对稳定，足以压倒任何希望否定它的提案。②

在重组内阁、征税等一般性问题上，议员不会有任何固定的意见，领袖的暗示可以产生影响，尽管其影响力与对普通群体不完全相同。每个政党都有自己的领袖，他们偶尔会拥有同等的影响力。结果则是，如果议员发现自己置身于两个相反的建议之间，就不可避免地会产生犹豫。这就解释了为什么人们经常看到其在很短时间内投出相反的选票，或者在法案上增加一条使其失去效力的条款，例如先是否决了雇主聘用和解雇工人的权利，然后又通过一项修正案基本废除

---

① 古希腊著名演说家。
② 以下是一位长期在英国国会任职的议员的思考，无疑适用于这种预先确定的、因竞选的需要而无法改变的观点："我在威斯敏斯特工作的五十年里，听了数千次演讲，很少有人改变我的观点，没有一个能改变我的投票。"——原注

了这一措施。

出于同样的原因，每届议会都有一些非常稳定的意见，以及一些易变的意见。总的来说，一般性和普遍性的问题偏多，所以议会常常会表现得优柔寡断，这源于议员对选民无处不在的恐惧，虽然从选民那里得到的暗示总是不太明确，但往往会抵消领袖的影响。

尽管如此，领袖无疑是议会众多讨论的主导人，而对于要讨论的具体主题，议会成员并没有强烈的先入之见。

领袖的重要性显而易见，因为在每个国家的议会上，这些领袖都以团体首脑的名义出现，他们才是议会的真正统治者。群体不可能没有主人，因此议会的投票通常只代表少数人的意见。

领袖的影响力只在很小程度上取决于他们的观点，而在很大程度上要取决于其声望。关于这一结论的最好证据就是，如果领袖在某种情况下失去了声望，其影响力就会随即消失。

政治领袖的声望具有个人属性，与其职务和名气无关。朱尔·西蒙[①]先生对1848年议会的杰出人物的评论给我们提

---

① 朱尔·西蒙（Jules Simon，1814—1896），法国政治家、哲学家、激进党理论家。

领袖的影响力只在很小程度上取决于他们的观点，而在很大程度上要取决于其声望。拥有足够声望的领袖就等于几乎拥有绝对权力。

供了一些非常有趣的例子，他本人也是该议会中的一员：

> 路易·拿破仑在两个月前还全面掌权，现在却没有任何影响力。
>
> 维克多·雨果登上了演讲台，却没有取得成功。听众视他为费利克斯·皮阿[①]，只是没有给他那么多掌声。瓦拉贝尔在谈到皮阿时对我说："我不喜欢他的想法，但他是法国最伟大的作家和演说家之一。"埃德加·基内[②]尽管拥有惊人的强大智慧却不受尊敬，在议会开始之前一段时间他曾很受欢迎，但在议会上他没有影响力。
>
> 天才在议会受到的欢迎比在其他地方要少得多。因为议员只会倾听那些在特定时刻和地点服务于特定派系的口若悬河，而不考虑国家利益。如要获得1848年拉马丁和1871年梯也尔那样的殊荣，就需要一种紧急、刚性的利益作为催化剂。而一旦危险过去，议会就会立刻忘记自己曾经的恐惧和对天才的感激。

[①] 费利克斯·皮阿（Félix Pyat，1810—1889），法国记者、剧作家、政治家。
[②] 埃德加·基内（Edgar Quinet，1803—1875），法国历史学家、诗人、哲学家。

我引用以上几段的重点在于其包含的事实，而不是它提供的解释，因为其中的心理学知识比较贫乏。群体一旦效忠于领袖，无论政党领袖还是国家领袖，就会失去其作为群体的特征。群体服从领袖是因为受到其声望的影响，这种服从并不由任何利益或情感决定。

拥有足够声望的领袖就等于几乎拥有绝对权力。有一位知名的议员曾在很长时间里享有巨大声望，但他在上次大选中因为某些金融事件败选了，这件事很多人都知道。曾经的他只需要发出信号，内阁就会被推翻。有位作者对这位议员当年的影响力这样评论道：

> 正是这位 X 先生，让我们在东京[①]付出了三倍的代价，让我们这么长时间在马达加斯加如履薄冰，让我们在尼日尔南部丢失了一个帝国，让我们失去了曾经在埃及的巨大影响力。X 先生的理论给我们造成的领土损失比拿破仑一世带来的灾难更为惨重。

---

① Tonkin，越南北部一地区的旧称。

我们决不能对这位被质疑的领袖过于苛求。虽然很明显他曾使我们付出了很大代价，但他的影响力很大程度上是因为顺应了公众舆论，然而在殖民地问题上，公众舆论已经和从前大不相同。领袖很少引领公众舆论，他们所做的就是去遵从它，并迎合它的错误。

我们这里讨论的是领袖对大众的说服能力，除了他们的声望之外，还包括我们已经多次提到的因素。要想让这些能力发挥最大作用，领袖就至少要从无意识的角度来理解群体心理，并且必须知道如何对他们演讲。他应该特别留意词汇、短语和画面的神奇影响，并应该拥有一种特别的演讲才能，这种才能由无须论证的强烈断定及令人印象深刻并伴随简短说明的画面所构成。这种才能在所有议会中都能见到，包括以严谨著称的英国议会。

英国哲学家梅因[①]曾说过：

> 下议院的辩论可能经常遇到的情况就是，所有讨论都只是观点鲜明但论证薄弱的泛泛而谈。这种发言的套

---

① 亨利·梅因（Henry Maine，1822—1888），19世纪英国著名历史学家，著有《古代法》等。

路对普罗大众的想象拥有巨大影响力。人们总是很容易接受以耸人听闻的辞藻所表达的整体论断,尽管它们从未经过证明,可能也不太容易被证明。

绝不可小觑上述引文中所提到的"耸人听闻的辞藻"。我们已经多次证明了词汇和套路的特殊力量,措辞的选择必须能唤起栩栩如生的画面。以下段落摘自我们议会某位领袖的演讲,它提供了一个极好的例子:

那些声名狼藉的政客和目无法纪的杀人犯,将由同一艘船载往那片热死病萦绕的土地,也就是他们即将被关押的监狱所在地,这些人将会彻夜倾谈,就好像社会状态下彼此互助的群体。

这样的辞藻唤起的画面就非常鲜活,让演讲者的所有对手都感觉到威胁。他们会同时想象出两个画面:一个是热死病横行的土地,一个是可能把他们带走的那艘船。他们很害怕被列入受到威胁的政客那一类,于是感到一种潜在的恐惧,就像大革命时期国民公会成员被罗伯斯庇尔威胁要送上断头台的恐惧，正是在这种恐惧之下，他们才会彻底向他屈服。

那些不着边际的浮夸之词最符合领袖的利益。我上面引用的演讲者就能够在不引起暴力抗议的情况下，让听众相信银行家和牧师资助了投掷炸弹的人，因此大型金融公司的管理层应该受到与违法乱纪者同样的惩罚。这种断定在群体中总是有效。断定的话语无论怎么暴力和具有威胁性都不为过，没有什么比这种话术更能恐吓听众的了。在场的人都会担心，如果他们表示抗议，就可能会被视为叛徒或从犯而被镇压。

正如我此前说过的，这种特殊的口才在所有集会中都具有极大的影响，在危机时刻，它的力量还会更加凸显。从这个角度来看，法国大革命集会上伟大演说家们的演讲是非常滑稽的。他们认为自己每时每刻都不得不停顿下来，谴责犯罪，颂扬美德，然后大声咒骂暴君，并发誓要么自由，要么去死。在场的人都站起来猛烈鼓掌，然后平静下来再次就座。

少数情况下，也有些领袖富于智慧且受过高等教育，但这两样对他们来说通常弊大于利。细致告知事物的复杂性并通过解释来促进理解，这样的智慧总是使它的主人显得平易近人，但也在很大程度上削弱了使听众成为信徒所必需的紧张和激情。所有时代的伟大领袖，尤其是法国大革命时期的领袖，思维都很狭隘，令人遗憾，但正是这类智慧有限之人却最终发挥出了巨大影响力。

比如著名的罗伯斯庇尔的演讲，常常因漏洞百出而使人震惊，如果只是阅读其演讲稿，根本无法对这个强大独裁者所扮演的重要角色做出合理解释：

> 教科书一般的连篇废话和陈词滥调，演讲所体现出的拉丁文化连平庸都谈不上，就像是在糊弄小孩子，在谈到某些观点时也是中学生式的抨击和辩护。完全没有理念，也没有合宜的措辞转折，更没有一个提纲挈领的文眼，纯粹是一番令人尴尬的慷慨陈词。读完这段乏味的演讲词之后，人们会忍不住和友善的卡米尔·德穆兰[①]一样感叹一声："啊！"

强烈的信念加上极端狭隘的思想，会给一个拥有声望的人带来权力，这种权力十分惊人。然而一个人必须满足这些条件，才能忽视重重困难并表现出极强的意志力。与此对应

[①] 卡米尔·德穆兰（Camille Desmoulins，1760—1794），法国大革命时期记者，被罗伯斯庇尔处死。

的是，群体本能地承认，有活力和信念的人才是他们所期待的主人。

在议会的会议中，演讲的成功几乎完全取决于发言者拥有的声望，而与其提出的论点无关。关于这一点最好的证明就是，当发言者因为某种原因失去声望时，他就同时失去了所有影响力，即影响群体投票的能力。

当一个不知名的演讲者站出来提出一个好观点时，他很可能只能因其论点而获得一次听证的机会。一位极富心理洞察力的议员德索布先生在其最近的文章中描绘了一名缺乏声望的议员的肖像：

> 他站在讲台上后，从公文袋中拿出一份文件并打开，然后自信满满地开始。
>
> 他感觉良好，认为能将那些使自己充满活力的信念灌输给听众。他反复权衡自己的论点，并且准备了数字和证据，相信会说服听众，并认为所有人面对证据都会放弃抗拒。他自信满满地开讲，希望吸引现场同僚的注意，并且认为他们唯一关心的必然是追随真理。
>
> 他刚开始讲话，就立刻对议会场面的嘈杂感到惊讶，

甚至对那些噪声有点不悦。

他们怎么不保持安静？为什么大家都不认真听？关于这次演讲，台下的代表们在想些什么？有什么紧急的事导致有些议员离席而去？

他的脸上掠过一丝不安，皱着眉头停了下来。在议会主席的鼓励下，他重新开始演讲，并提高了声音。然而，越来越少的人愿意倾听。他开始加重语气和做手势，但周围的噪声却越来越大。后来他连自己的声音也听不到了，只能又停下来；然而，又担心沉默会引起可怕的喊叫："闭嘴！"于是他又重新开始说。但喧哗声实在无法忍受。

当议会的会议处于一定程度的兴奋状态时，他们就会变得与普通的异质群体相同，因此他们的情绪也会呈现出极端化的特点。他们有可能做出伟大的英雄主义行为，当然也可能做出最严重的不当行为。个人不再有自我，因为在很多情况下他将投票支持最不利于自己利益的方案。

法国大革命的历史证明了议会能在多大程度上使人失去自我意识，并服从最违背自身利益的暗示。对贵族来说，放弃特权是一种巨大牺牲，但在那个著名的制宪会议召开之夜，

当议会的会议处于一定程度的兴奋状态时,他们就会变得与普通的异质群体相同,因此他们的情绪也会呈现出极端化的特点。他们有可能做出伟大的英雄主义行为,当然也可能做出最严重的不当行为。个人不再有自我,因为在很多情况下他将投票支持最不利于自己利益的方案。

贵族们却毫不犹豫地这样做了。通过放弃贵族身份的不可侵犯性，议会上的人们使自己永远置身于死亡的威胁之下，但他们就是这么做了，甚至不惜屠杀自己人，虽然他们完全清楚今天把别人送上绞刑架，明天自己也会被挂上去。事实上，他们已经达到了我曾描述过的那种完全自发的状态，任何顾虑都不足以阻止他们服从自己在被催眠状态下受到的暗示。下面内容摘自其中一个贵族比约·瓦雷纳的回忆录，记述的就是这种典型状态。他说："就在几天之前，这个决定还不是我们想要做出的，甚至还因此被指责，但居然就这么通过了。引发的原因不是什么别的，就是一场危机。"没有比这更准确的解释了。

在大革命时期国民公会的所有激烈会议中，同样的无意识现象随处可见。丹纳写道：

> 他们批准、颁布了一些措施，并且在恐惧中将其实施，即谋杀无辜的人和他们的朋友。这些措施不仅愚蠢和荒谬，其本身就是犯罪。在右派的支持下，在所有人热烈的掌声中，左派将丹东送上了断头台，丹东曾是他们拥戴的领导者，也是大革命的重要推手和领袖；然而

在左派的支持下，在所有人热烈的掌声中，右派也通过了革命政府最恶劣的法令；在所有人渴望和激动的叫喊声中，在对科洛·德布瓦、库东和罗伯斯庇尔热切的支持声中，国民公会通过自发的执着投票，让嗜杀成性的政府继续掌权。尽管平原派①讨厌其滥杀无辜，山岳派憎恶其对自己举起的屠刀，但平原派和山岳派，多数派和少数派，最终只能同室操戈。牧月22日，整个议会把自己交给了刽子手；热月8日，罗伯斯庇尔演讲完的一刻钟后，同样的事情又再次上演。

以上画面可能显得很阴沉，然而它十分形象。如果议会的会议充斥着兴奋和催眠，就会呈现出同样的特点，议员们变成了不稳定的群体，服从于每一种冲动。以下对1848年议会的描述来自斯普勒先生，一位国会议员，他对民主持有十分坚定的信仰。以下段落摘自《文学评论》，这是一个非常典型的例子，证明了我所描述过的群体具有夸张情感和极度易变性的特点，而这使议会不时从一种情绪转向另一种完全

---

① 法国大革命时期立法机构中的激进派系。

相反的情绪：

共和党因为分裂、嫉妒、怀疑、盲目的信任和没有节制的欲望使自己走向毁灭，它的天真和幼稚与它对一切的普遍怀疑同时存在。缺乏法律意识和对纪律的服从，没有底线的恐吓和空想，让自己和农民与孩童处在同一水平。他们的平静和暴躁一样强烈，残暴潜藏在温顺的外表之下。这种气质是不成熟和缺乏教育的自然结果。没有什么能使他们惊恐，但任何事情又都有可能使他们不安。恐惧的战栗和无畏的英勇，能让他们穿越洪水和烈焰，也能让他们因一点阴影而逃离。

他们完全不理解什么因果关系，也不顾事件之间的联系。他们在意气风发之后又迅速气馁，容易受到各种恐慌的影响，要么斗志昂扬，要么消极沮丧，永远无法给出形势所需的合宜措施。他们比水更多变，在他们身上能看到无数种变形。这样的群体可以为政府提供什么样的执政基础呢？

幸运的是，议会中上述可能出现的特征并非常态。议会只在某些特定时刻才具备群体的特征。在多数情况下，组成议会的个体都保持着自己的个性，这就解释了议会为何能够讨论通过技术性很强的法律。毫无疑问，这些法律的起草者通常是某位专家，他在不被打扰的研究中准备了可供讨论的草案，所以实际上被投票通过的法律是个人的成果，而不是议会的成果，这些法律自然也就是最好的。只有当一系列的修正案将其转化为集体努力的成果时，法律才有可能产生灾难性的结果。无论性质如何，群体的工作总是不如独立个体的工作。专家正是作为个体，才防止了议会通过不明智的法律或不可行的措施。上述举例中，专家是群体的临时领袖。议会对他没有影响，但他对议会有影响。

尽管在开展工作方面存在各种困难，议会仍是人类迄今发现的最好的政府形式，尤其是社会摆脱个人暴政的最佳治理方式。无论是对哲学家、思想家、作家、艺术家还是学者，总之，对所有构成社会文明精英基石的人来说，都是最为理想的政府形式。

除此之外，它实际上只带来了两种严重的危险，一种是无可避免的财政浪费，另一种是对个人自由的逐步限制。

第一个危险是某些紧急情况以及选民群体缺乏远见的必

然后果。如果有议员提出一项符合民主理念的措施，比如提出一项法案来确保所有工人能得到养老金，并为国家各阶层的雇员都增加工资，其他议员则因为害怕选民，不敢无视提案受益者的利益，所以不会否决提案，尽管他们很清楚这意味着对预算增加压力，并且有必要开辟新税源。他们不会在投票上有丝毫犹豫，因为增加财政支出的后果会出现在遥远的未来；但如果投否决票，其负面影响则可能在他们为连任而竞选时顷刻显露。

除上述原因外，造成预算压力还有另一个同样迫切的原因，即所有地方拨款提案都必然会通过。议员不可能反对这类拨款，因为这代表了选民群体的紧急需求，而且每个议员都知道，只有同意其他议员类似的要求，才能在争取自己的选民所要求的东西时取得其他议员的支持。①

---

① 《经济学家》在1895年4月6日发表了一篇奇妙的评论，提到了仅仅出于选举考虑而产生的支出，特别是铁路建设支出。为了把朗格伊斯（一个位于山上的3000名居民的小镇）与普伊连接起来，一条铁路将花费1500万法郎。此外，花费700万法郎只为让博蒙特（3500名居民）与卡斯特尔萨拉津联系，花费700万法郎连接奥斯特（523名居民）与赛克斯（1200名居民），花费600万法郎连接普拉德与奥莱特村庄（747名居民）等等。仅1895年就有9000万法郎被作为投票代价用于当地公用事业的铁路。出于对竞选活动的考虑，还需要其他同样重要的开支。根据财政部部长的说法，有关工人养老金的法律很快将涉及至少每年1.65亿的支出，根据勒鲁瓦·博利厄院士的说法为8亿。这种支出的持续增长必然以破产告

上面提到的第二个危险，即议会不可避免地会限制自由，虽然也许不那么明显，但仍然非常真实。这种限制是无数法律汇总的结果，因为法律总是会产生限制性的效果。议会认为自己有义务投票，但因为自己的短视，所以其在很大程度上也对立法后果一无所知。

这种危险也是最不可避免的，即使最受欢迎的英国议会政体，也就是在那种议员高度独立于其选民的制度下，也无法避免这一点。在一部很早之前的作品中，赫伯特·斯宾塞曾指出，表面自由的增加必然意味着真正自由的减少。他最近的书《个人与国家》也回到这一观点，以下引用可以表达其对英国议会的看法：

> 这一时期以来，立法一直遵循着我所警示的路径。迅速增加的专横措施不断限制个人自由，这主要表现在两个方面：首先是年复一年地制定越来越多的法律，在

终。许多欧洲国家，比如葡萄牙、希腊、西班牙、土耳其已经如此，其他国家也将沦入同样境况，比如意大利。事已至此，也无须过于惊慌，因为这些国家的公众已经相继接受国家只偿还其债券的五分之一。在种种"巧妙"安排下，只有破产能使预算立即恢复平衡。此外，战争、社会主义和经济矛盾等让我们承受了太多灾难，因此最重要的是顺应短期的需求，而无须关注未来。——原注

公民从前完全自由的事情上加以限制，强迫他们做某些事，而这些事从前可以自由选择是否去做；其次是越来越重的公共负担，特别是本地公共负担持续增加，公民可以自由支配的收益部分减少了，变成了公共统筹的部分，而行政当局可以按自己的喜好决定公共开支的方向，这也更加限制了公民的自由。

对自由的逐步限制在每个国家都以一种特殊形式出现，其中有些连赫伯特·斯宾塞也没有指出过。数不清的法律措施都以限制性的方式出现，结果必然会增加实施者的人数、权力和影响，政府官员往往就通过这种方式成为文明国家的真正主人。他们的权力与日俱增是基于以下事实，即权力总是不断转移，而执行阶层却不受这些变化影响，进而呈现出无责任感、非人格化和永久性的三重特征。没有比以这三重特征出现的暴政更具压迫性的了。

不断制定限制性法律和法规，以最复杂的形式专注于最琐碎的行为，这就不可避免地会把公民自由限制在越来越窄的范围内。有些国家会幻想平等和自由是源于更多的立法，持这一想法的人们就只能每天忍受日益沉重的枷锁，他们意识不到立法是一种惩罚。由于习惯了忍受每一副锁链，他们很快就开始渴望被奴役，失去所有的自主和斗志。他们只不过是无用的影子，是被动、顺从、无能的稻草人。

在这种状态下，个人必须在外部寻找一种力量，因为这种力量在自身内部已经不复存在。伴随着公民消极、无力程度的增加，政府职能也必然会相应增加，并且必须表现出个人所缺乏的主动性、进取心和引导精神。政府必须掌控一切，指导一切，并把一切都置于其保护之下。国家就此成了全能之神。然而历史表明这类神的力量从来都不会强大，也不会持久。

尽管立法已逐步限制越来越多的自由，但部分民族会因为外在行为的放纵而产生一种幻觉，即公民自由仍在自己手中。然而这似乎只是文明体系衰老的结果，每个文明都必将如此。迄今为止，没有一个文明能避免其衰败阶段的早期症状。

从历史经验和已经很显著的征兆来看，人类的一部分现代文明已经到达了衰败之前的极端老化阶段。所有民族都会经历相同的周期，这似乎不可避免，因为在历史之中经常可以看到这一过程的周而复始。

简单指出文明进化的共同阶段并不困难，因此我将通过如下总结来结束本书的论述工作，这也有助于读者通过简要总结来理解群体在当下掌握权力的原因所在。

如果考察历史上伟大文明兴起和衰落的主线，我们会从中看到什么？

在人类文明的拂晓，一群不同来源的人由于偶然的移民、入侵和征服而聚集。他们拥有不同的血统、语言和信仰，这些人之间唯一的共同纽带是某位首领模棱两可的律法。群体的心理特征在这些混乱的聚集中就开始显著表现出来。他们有短暂的凝聚力、英雄主义、软弱、冲动和暴力，他们之间没有什么是稳定不变的。他们仍是野蛮人。

在经历漫长的岁月之后，真正的群体形成了。环境的同一性、种族的混血交配、对生活物资的迫切需求等因素开始共同发挥影响。不同的小群体开始融合成一个整体，进而形成种族，即一个具有共同特征和情感的集体，而遗传又赋予其更大的稳定性。群体此时已经成为民族，这些人也开始摆脱野蛮状态。然而只有经过长时间的努力、必然重复的斗争和无数次的重新开始，并且共同拥有一种理想蓝图时，它才算走出了野蛮。这种理想的具体内核并不重要，无论是罗马的众神、雅典的强大还是真主安拉的胜利，都足以让个体凝聚，并形成以共同情感和思想为纽带的种族。

在这个阶段，一个包含着制度、信仰和艺术的新的文明就可能会诞生。在追求理想之时，这个种族将会不断获得必要的优势以巩固这一文明的辉煌、活力和伟大。自此以后，他们虽然在很多时候无疑仍是乌合之众，但又在不稳定、易变化等群体特征之外，额外拥有了一块坚固的基石，即种族禀赋，这就把国家发展的路径限定在狭窄的范围内，并极大削弱了偶然性的影响。

时间在完成其创造性的使命后，就会开启任何神和人都无法逃脱的毁灭性命运。文明一旦达到某种强大和精微的程度，就会停止发展并迅速衰落。它的暮年便来临了。

这一时刻的到来，总是以作为种族支柱的理想开始式微为标志。伴随而来的是，所有受其启发而形成的宗教、政治和社会架构就开始风雨飘摇。

随着理想的逐渐消亡，种族就逐渐失去赖以存续的凝聚、团结和力量等品质。同时人的个性和智慧则可能会提升，从前的集体自负开始被泛滥的个人自负取代，与此同步的是群体特征的模糊和行动能力的减弱。那些曾经让民族联合、统一成为可能的精神，渐次退化为缺乏凝聚力的个性杂烩，只是被传统和制度人为地暂时黏合在一起。在这个阶段，人们被利益和欲望分裂，不再有能力自治，在最琐碎的事情上也需要外界指导，国家就此开始发挥其无所不能的影响。

当原有理想丧失殆尽，种族禀赋也就荡然无存，剩下的仅仅是一群孤立的个体，社会就重新回到原始状态：群体。没有一致性，也没有未来，只具有群体所有短暂易逝的特征。种族文明也失去了稳定性，一切都任由偶然性来摆布。民众至高无上，野蛮登峰造极。这个文明可能看起来仍然很辉煌，是因为它还依稀拥有历史所形成的外在轮廓，但实际上已经是一幢将倾的大厦，没有任何东西能支撑它，因此注定要在第一场风暴来临之际轰然坍塌。

因为追求理想，民族才从野蛮走向文明，而当理想失去德性，就意味着文明走向衰败和死亡，这就是一个民族的生命轮回。

从群体到公众：公共传播及其社会影响[①]

[法] 加布里埃尔·塔尔德

群体不仅能唤起旁观者的注意，还会让他们感受到难以抗拒的吸引力，即使对我们这个时代的读者来说，群体也具有令人向往的声望，这就诱使某些作家经常用这个模棱两可的词来指代各种人群。因此当下最重要的事就是结束这种混淆，尤其是不能把群体和公众混为一谈，虽然公众这个词本身也有各种不同的含义，但我将尽可能对其进行准确定义。

当我们在剧院里谈到公众，或者在集会上谈到公众，这两种场景下的公众就是指群体，但这不是公众唯一或者首要的含义，因为当这类公众的影响力已经衰微或停滞时，媒体

[①] 本文写于1901年，是塔尔德对勒庞及其《乌合之众》做出回应的文章，标题为译者所加。

的出现会导致一个完全不同类型的公众诞生，新型的公众数量持续增长以及空间无限延伸，已经构成了这个时代最显著的特征之一。

我们知道已经有一门群体心理学，但公众心理学尚有待发展完善，后者将在另一种意义上把公众理解为一个纯精神的集合体，即一个身体上分散，而完全靠精神凝聚的人群。公众从何而来，如何出现和发展，公众的多样性，公众与其引导者之间的关系，公众与群体、机构、国家之间的关系，其可善可恶的力量，以及其行为和感知的方式，我们都将在本文中进行探讨。

在最原始的动物性社会中，人们之间的联系首先表现为身体的聚集。尽管随着人类生命之树的进化，社会关系的精神性特征会变得更加显著，但如果群体成员因分离而不能见面，或者彼此分开超过一定时间，他们的伙伴关系就将不复存在。从这个角度来看，群体类似于动物，因此可以说群体就是一个本质上由身体聚集而构成的集合。然而人类精神与灵魂的交流并非都必须以身体近距离相处为前提，考虑到文明社会的各种舆论观点如同河水般流动，这个前提就越发淡化了。

社会舆论之河的起源和壮大[1]，虽然已经不再通过人们在街道或广场上举行的集会，但它们巨大的冲击力却可以击溃最坚硬的心灵和最顽固的头脑，甚至被奉为政府和议会颁布的命令或法律。奇怪的是，那些被舆论之河洗礼的人，那些彼此说服的人，更确切地说是那些相互传递暗示的人，他们之间并不接触、不见面，也不通信，只是分别坐在各自相距遥远的家中，读着同样的报纸。他们之间的纽带是什么呢？就在于他们在同一时刻迸发出的信念或激情，在于他们意识到自己正与许多其他人分享同一个想法或愿望。一个人只要知道这一点就足够了，即使见不到任何人，他也能受到集体的影响。人们不是受到某位记者的影响，记者只是读者共鸣的催化剂，这个角色的隐身和匿名反而会使其更有吸引力。

无论在拉丁语还是希腊语中，都有一些词汇表示群众、徒手或持械的公民群体、选民团体以及各种类型的群体，却没有一个与我们上述所说的"公众"等同的词语。古代的作家在谈到"公众"时会想到什么呢？除了供公众阅览的出租

---

[1] 当我们谈到群体和公众时自然会与河流比较，因为它们彼此相似：在庆祝活动的夜晚，人群行进缓慢、无序涌动，让人想到没有河床的河流。群体的相似性更强。它们都像是水道不畅的河流。——原注

屋里的读者之外，他们对公众也一无所知，但在那些阅览室里，与小普林尼同时代的诗人们确实可能聚集过少数志同道合之人。那些作品的手抄稿可能只有十几本，为数不多且分散各处的读者不像现在的报纸读者，有时甚至不像流行小说的读者，因为古时的读者完全意识不到要形成一个社会群落。

中世纪有公众吗？没有，只有集市，有朝圣者，还有各种被虔诚、好斗、愤怒或恐慌等情绪支配的喧嚣人群。只有在16世纪印刷术第一次大发展之后，公众才开始出现。与思想的远距离传播相比，力的远距离传导就不值一提了。思想不就是一种无与伦比的社会力量吗？这让我想起福伊尔先生的《思想力》。正是印刷术，作为一种影响不可估量的发明出现之后，人们才每天同时阅读同一本《圣经》，这也是第一次将同一本书印刷成千上万本，《圣经》的读者在感觉上已经联合成为一个全新的、超然于教会的社会体（social body）。

这个新生的公众本身也许仍只是一个分散的教会，某些方面与传统教会极为类似。新教主义的缺陷就在于此，新教既是公众也是教会，这个混合体由显著不同而且无法调和的原则所支配。可以说直到路易十四统治之下，公众才开始以一种明确的形式呈现。尽管在皇家加冕典礼、重大节日和周期性饥荒引起的示威游行时,群体也和现在一样情绪激昂且人数众多,但公众已经在上流社会的少数精英中形成,他们阅读每月的报纸以及为少数读者专门写作的书籍,这些读者中大部分人即使不住在宫廷,也至少住在巴黎。

到18世纪,这种类型的公众迅速增长但也日趋细分。在培尔[①]之前,我认为还不存在一类有别于文学公众的哲学公众,因为我没有把公众这个词用于指代"被组织起来的学者"。尽管他们也分散在不同的省份或国家,并且专注于类似的研究,阅读相同的作品,但因为他们的人数非常少,所以可以经常通信,并从私人交往中获取科学研究的重要素材。只有当某项研究因为参加的人数众多而且互不相识,参与者都感到彼此之间只能进行频繁、规律的非个人化交流时,专门的公众才开始形成。

18世纪下半叶,政治公众的兴起和成长很快就超越并吸收了所有其他类型的公众,比如文学、哲学和科学等,就像河流吸纳其支流。然而在法国大革命之前,公众生活本身并

---

① 皮埃尔·培尔(Pierre Bayle, 1647—1706),法国哲学家及批评家,《百科全书》编纂者之一。

没有多少影响力，人们只能通过参与到群体的生活中，或者通过多人聚集的沙龙和咖啡馆清谈，才能显示出重要性。因此新闻时代的到来，以及随后公众的出现，都可以追溯到法国大革命，尽管这场革命是当时公众挥之不去的噩梦。

革命的公众主要是巴黎人，他们在巴黎之外影响力很弱。阿瑟·扬[①]在其著名的旅程中，就对法国城市中很少发行公共报刊感到震惊，当然这个印象仅适用于法国大革命之初，一段时间后即不复如此。然而直到大革命结束，由于媒体信息不能快捷传递，公众生活的影响力和普及都遇到了难以逾越的障碍。如果报纸每周只出版两三次，而且在巴黎出版一周后才送到南部读者手中，这样的报纸怎么能给公众带来那种实时阅读的感觉和步调一致的意识呢？没有这种感觉，读报和读书就没有本质上的区别。

在我们这个时代，正是要通过完善的运输手段来克服思想实时传播的困难，让所有公众都尽可能地扩充其影响力，并使他们与群体形成鲜明对比。群体是历史的产物，是除了家庭之外最古老的人类组织，无论其形式是站着还是坐着，

---

① 阿瑟·扬（Arthur Young，1741—1820），英国农业经济学家。

是静止还是行进，它都不能延伸到有限的区域之外，而当领袖不再对群体施行控制，当群体不再能听到领袖的声音时，群体就会松散懈怠。

有史以来最盛大的观众聚集场面出现在古罗马斗兽场，即使那里的人数也不超过10万人……但是公众可以无限延伸，同时其非比寻常的活力也会变得更加强大，我们不能否认它就是主导未来的社会人群。三项相互助益的发明——印刷、铁路和电报——结合在一起，让媒体拥有了令人畏惧的力量；新奇而伟大的电话发明，又极大增加了演说家和牧师的听众。因此我不能同意激情洋溢的作家勒庞博士的观点，即我们的时代是"群体的时代"，相反这是一个公众的时代，二者完全不同。

从某种程度上说，公众容易与我们所说的"界别"(world)相混淆，比如"文学界""政治界"等，区别在于"界别"的说法一般意味着参与者的个人化接触，比如某个界别部分人之间的交流或互动，而这种接触不一定存在于公众成员之间。正如我们已经看到的那样，从群体到公众是一个巨大的进步，尽管公众有一部分也会来自某个群体，即演说家的听众。

公众和群体之间，还有许多我尚未指出却有助于理解的区别。比如一个人可以同时属于几种类型的公众、法人机构或派系，事实上也经常如此，但他（受空间限制）在同一时间只能成为一个群体中的一员。随之而来的，就是他要承受来自群体的不宽容，以及被群体精神主导的民族的不宽容，因为个体已经彻底被一种不可阻挡的力量淹没，没有任何外力可以与之抗衡。因此公众逐渐取代群体是有益的，只要不是坚持怀疑一切，就应该相信这种取代总是伴随着宽容程度的提升。

但也正如时有发生的那样，兴奋过头的公众也会变成狂热的群体，他们在街头巡游，对任何事物都高呼"万岁"或"该死"。从这个角度看，公众可以被视为潜在的群体。从公众到群体的这种堕落，尽管极其危险，却也相当罕见；就那些从公众堕落而成的群体来说，不论他们是否总体上不像群体那么野蛮，至少持对立意见的两方公众，总是倾向于沿着其模糊的边界融合，这比两个针锋相对的群体对社会和平的危险要小得多。

人们一直争论是否每个群体都有一个领袖，这是一个似是而非的问题，因为事实上往往是群体在影响领袖。但是谁也无法质疑这样一个事实，即每个公众团体都有一个唤起他们的人，这个人通常就是公众的创建者。圣伯夫对天才的评价就是"创造自己人民的国王"，这句话用在伟大的新闻人士身上尤其如此，我们就经常看到政论家创造出自己的公众！① 就爱德华·德吕蒙的反犹太主义而言，他的煽动最初就是对那些抱有此类想法的群体所做的尝试性回应。这类想法只要没有被表达、听到和回应，它就纯粹只是个人化的，没有冲击力，也不会传染，甚至根本没有被意识到，然而将其表达出来的人就创造了一种集体的力量，这种力量也许是人为的结果，却真实存在。

我知道在法国的一些地区，没有人见过犹太人，但这并不能阻止反犹主义在当地盛行，因为那里的人们都阅读反犹报纸。在著名的政论家如卡尔·马克思、克鲁泡特金和其他人表达观点并发布之前，社会主义或无政府主义的思维模式也没有任何影响力。因此不难理解，公众发起者的个人禀赋对受众的影响力，要明显大于民族禀赋对受众的影响，群体

---

① 如果我们说政论家创造了他的公众，那能说一定规模的公众创造了他的政论家吗？第二个命题比第一个站不住脚，因为有许多族群多年来也没有成功孵化出能引导他们的作家。目前的天主教世界正是如此。——原注

对其领袖的影响也同样显著,只是方向相反。

报纸读者远比在群体中迷失自我的人更能享有思想上的自由,因为他们可以安静地思考读到的东西,尽管看似只能被动阅读,但实际上一方面他可能会更换读物,直至找到适合或自认为适合的报纸,另一方面报社也会试图取悦并留住他。发行和订阅的统计数据是很好的风向标,它能用来提醒编辑和记者行动和思考应遵循的原则。这种原则经常促使一些著名报纸在重大事件的报道中突然发生明显的舆论转变,这种口风突变并不罕见。

在这种情况下公众也会对报社做出回应,或许他会暂时停留在这个公众体之中,经过几次磨合之后,读者就会选择他的报纸,报纸也选择了它的读者。经过相互选择和彼此适配,读者拥有了一份能取悦他,并褒奖其偏见与激情的报纸,报纸则拥有了一批认可、温顺、轻信的读者群,报纸只需对自己的立场稍做调整就可以轻松驾驭读者,这一手法正类似于古代演说家应对自己的听众。有人说写一本书的人值得敬畏,但与办一份报的人相比又算什么呢!办报者几乎就是每个人内心的自己,其中就潜藏着现代社会的危险。因此,双向选择和彼此适配,不仅远不能阻止政论人士对公众产生决定性影响，反而会使公众成为一个很容易被识别和引导的同质群组，从而行动得更有力和更坚定。一般来说，群体远不如公众同质，因为它总是充斥着许多旁观者，这些人因为好奇而勉强参与，只是暂时被吸引和同化，这让群体很难向共同的方向迈进。

每个商家都有两类客群，一种是固定的，另一种是变动的；报纸和期刊也有两种公众读者群：固定不变的公众和经常变动的公众。这两种读者群的比例在不同报纸之间差异很大，比如对传统老报或者旧式政党的刊物来说，第二类读者群几乎可以忽略。我相信当政论者进入这类读者群时会遇到不宽容的强烈抵制，并被明显相左的意见攻击，但另一方面，他的行为在这种情形下也会非常有韧性和穿透力。最后，曾经信赖这家报纸的忠实读者就会慢慢消失，被越来越多易变的读者取代，有才华的记者往往能更成功地把握这批读者，但可能也无法持续太长时间。

新闻业的类似演变无疑是令人遗憾的，因为忠实的公众才会造就诚实、坚定的政论者，而反复无常的公众会造就轻浮、多变、思维混乱的政论者。这种演变目前看来似乎不可抗拒，也不容易逆转，但人们据此可以看到它为作家带来了日益增长的社会力量。这种演化有可能导致平庸的政论者越发迎合公众的异想天开，却必然会使公众更加臣服于重要政论者的言论专制。这些人的意见对世界的影响力远超政治家，甚至是地位最崇高的人。当他们的角色变得不可或缺之时，他们的地位将难以撼动！

事实上人们只要稍加留意，就不难看出社会的各类公众完全是一种基于不同思想状态的心理学划分，这种划分并不会取代什么，它只是叠加在经济、宗教、审美、政治路线、团体、派系、职业、流派或政党的划分上，使之越发明显和有效。不只是那些老式群体——比如议会演说家和传教士的听众——正在被他们相应的公众主导或扩充，可以说没有一个团体不希望拥有自己的报纸，以便使其影响力到达更远的公众，营造出一种流动的氛围以供人感知，形成一种集体的意识以获得启示。即使认识到这类媒体只是附属于某些机构，我们也不应认为它们是无效和不活跃的。各行各业都希望拥有自己的报纸，就像中世纪的每个教派都有自己的牧师或专职传教士，古希腊的每个阶层也有常任的演说家。一个新的文学或艺术流派首先关心的不就是拥有自己的报纸吗？如果没有报纸，它会认为自己是完整的吗？

群体向公众的所有转变都可以解释为社交需求的日益提升，这就需要参与者持续不断地分享信息和兴趣。因此无法避免且又至关重要的事情，就是探寻这种转变对群体命运、力量、持久性、稳定性，以及对他们论战和结盟的各种潜在影响。

由于媒体的介入，现有各种社会群体的相对力量也发生了显著变化。首先请注意，媒体并不会因为内容上的专业分工而更占优势，恰恰相反，单纯聚焦于司法、工业或农业领域话题的专业报纸是最少人阅读、最无趣和最不活跃的，只有在以工作为幌子报道罢工或政治时才会稍受关注。真正具备影响力或者优势的，是那些按理论观点、愿望和情感来细分领域的媒体。只有升华为理论或者装扮成激情时，各种诉求才能最好地表达，而这正是媒体的价值所在，即使这可能引发对某些观念的躁动，媒体也会将其精神化和理论化。尽管这种转变有潜在的危险，它本质上仍是有价值的，当思想和激情发生碰撞时会掀起波澜，但这种碰撞要比利益之争更容易调和。

报纸最能予以掌控且能施以最大影响的社会团体，就是宗教或政治的党派。党派一旦被转化为公众，就会分崩离析，他们改变和转化自身的速度会让先贤们感到震惊。有必要认识到，党派的转化和交叉重组①很难与英式议会制的运作相互兼容，这是一个小小的遗憾，却也倒逼议会制进行深层次的改革。有时候某些政党在几年之内就会解体然后被重新吸收，但有时它们也会发展到前所未有的程度，在这种情况下，它们就会获得一种巨大却又短暂的力量。同时它们也会呈现出以前所没有的两个特征：它们变得能够相互渗透和国际化。相互渗透是因为如我们上面所说，每个人都同时属于或能够属于几个公众体；国际化是因为报纸上那些易于传播的字句轻易就能穿越国界，而从前的著名演说家或政党领袖却未能如此。②

因此无论社会被细分的团体是什么性质，即无论他们是宗教的、经济的、政治的，还是民族的团体，公众在某种程度上都是它们的终极状态，或者说共同模式。通过持续的演

---

① 法国很晚才出现真正的政党，其议会不像英国议会那样由几个较大的、稳定的政党构成，而是由各种松散的委员会组成，勒庞在《乌合之众》中也多次提到这种情况。
② 某些大型报纸，《泰晤士报》《费加罗报》和某些期刊都拥有遍布全球的公众。宗教、科学、经济和美学方面的公众本质上一直是国际性的。宗教和科学方面的群体则很少以大型会议的形式出现。大型会议之所以能国际化，是因为它们此前在相应领域拥有自己的公众。——原注

变进化,一切都会被简化为按思想状态来划分的心理学团体。值得注意的是,即使那些基于自身需求和利益而相互利用并且彼此适应的职业人群,无论他们之间有多么显而易见的差别,也都在很大程度上受到这种文明转化的影响。

虽然我们注意到了群体和公众之间的显著差异,但社会进化的这两个极端形态①也拥有共同的纽带,那就是构成它们的个体。这些个体并不是因为他们的多样性以及互益的特征而联合,而是通过表现出自己在本能或后天方面的相似性,才融合成为一个简单而强大的联合体,一种能让其成员自由发挥个性的、思想和激情的共同体。公众所具有的这种力量要比群体大得多!

至此我们已经回顾了公众的诞生和成长,指出了它的特征以及与群体的相似或迥异之处,并阐明了它与不同社会群体的谱系关联,现在我们将继续探讨它的分类以及与相应群体的比较。

公众和群体一样可以从不同维度予以分类。比如从性别方面,我们看到了男性和女性的公众,以及男性和女性

---

① 家庭和游民是这两种形态进化的出发点,整体上作为抢劫团伙的游民仅指那些骚乱群体。——原注

的群体，但是由大众小说或流行诗歌、时尚杂志、女权主义期刊等读者组成的女性公众，就与女性群体完全不同。女性公众在数量上与女性群体具有很大差异，且性质更温和，没有威胁性。我在这里比较的当然不是教堂里的女信徒群体，而是那些聚集街头的女性群体，她们的亢奋和残暴令人惊骇。

从年龄的维度看，青少年群体，即学生或巴黎顽劣青少年的游行示威，也总是比青少年公众甚至文学公众有更大影响，后者从未产生过任何重要影响。但另一方面，尽管老年群体没有任何影响力，年长的公众却管理着商业领域。这种不易察觉的老人政治与选民群体的青年政治形成了某种均衡，因为在选民群体中占主导地位的是年轻人，他们尚未对投票权感到厌恶。老年群体并不多见，我们或许可以将古代教会那些混乱的主教委员会，或者以前和现在同样激烈喧嚷的参议院作为极端例子，他们主要由老人构成，但当他们激烈争执时就会整体表现出幼稚的一面。

群体可以按时代性格来划分，也可以依据季节、纬度来区分，但正如我们已经探讨过的，这种区分不适用于公众。物理因素对公众形成和发展的作用几乎为零，而对群体的形成和行为却影响显著。太阳对群体来说是一种极好的兴奋剂，夏天的群体就比冬天的群体更狂热，因此如果查理十世等到12月或1月才发布他著名的敕令[①]，结果也许会有所不同。从国家层面来看，种族对公众和群体的影响却同样不可忽视，法国公众的"激情"特征就表现出法国式愤怒的影响。

无论如何，不同的公众与群体之间最重要的区别就在于其目标或信仰的性质。街上的路人都忙于自己的事，农民聚集在街市上，人们出去散步，都可能会形成一个密集的人群，但也仅此而已，直到有一个共同的目标或信仰来驱动他们，并且将其作为一个群体来驱动时，他们才构成群体。一旦有某个新的现象需要他们注意，或者某种偶然的危险、突然的愤怒使他们具有同样的诉求，他们就开始主动地聚集，而社会聚集的第一阶段就是群体。如果人们只阅读报纸上与其私事相关的告示和实用信息，那么即使是惯于读报的人也无法形成公众；如果我相信有些人所说的，即报纸的告示会以牺牲新闻为代价来增长，那么我就应该赶紧收回自己前面所说的媒体会带动社会变革的结论。但这种观点显然不成立，即

---

① 查理十世于1830年7月颁布敕令，修订宪法、解散议会，导致"七月革命"。

使美国也是如此。①

只有从被激起某种观念或激情的那一刻起，报纸的读者才真正成为公众，因此我们必须根据各自信仰或目标的性质，来对群体和公众进行分类。首先让我们根据信仰（即观念）或目标（即欲望）对它们的主导程度来进行区分：既存在信仰的群体和欲望的群体，也存在信仰的公众和欲望的公众。或者更确切地说，有一些群体和公众是坚信和狂热的，另外一些是激情和专横的。人们从四面八方汇聚成为群体，极易迅速将所有思想和欲望都推向极端。尽管几乎没有比以上两类更好地区分公众和群体的选择，但我们也会同意，就专横和教条的特征而言，公众总的来说不如群体那么极端，却比群体更加顽固和持久。

就信仰或欲望而言，区分群体的是将其联结在一起的机构或派系的性质；同样的区分也适用于公众，他们一般都来

---

① 美国人吉丁斯在他的著作《社会学原理》中偶然谈到了报纸在南北战争中所扮演的主要角色。在这方面，他反对一个普遍的观点，即"报纸上泛滥的非个人观点掩盖了所有个人影响"。他说："当媒体的声音来源于某个非凡的个人，比如加里森或格里利时，就会对公众舆论产生最大影响。此外公众并没有真正意识到，报社里的思想者虽然不为公众所知，却为其同事所知，他把自己的个性印在了同事的思想和工作上。"——原注

自有组织的社会团体，而这些团体通常是无机形成的结果。[①]

乡村群体虽然早期更难被煽动，可一旦被唤醒更令人恐惧，巴黎居民就没有出现过与农民暴动类似的毁灭性骚乱。宗教群体最不具侵略性，除非持异议者或反对派触发了他们的不宽容，而且即使在这种情况下，其伤害性也不会超过其他群体，程度最多大致相当。当个人独处时，他们都是开明和包容的，可是一旦聚集，他们就会变得跋扈和专横。这是因为通过信徒的相互交流，信仰被加强了，任何坚定的信仰都不能接受敌对。因此在公元4世纪，天主教徒屠杀阿里乌斯教徒，阿里乌斯教徒对天主教徒复仇，这些曾使亚历山大的街道血流成河。政治群体大多是城市人群，他们是最充满激情和愤怒的，幸运的是他们也反复无常，很快就会从诅咒变为敬拜，从过度的愤怒转向放纵的享乐。经济或产业的群体就像乡村群体一样，比其他各类群体更同质、更一致、更坚定，也更强大，但总的来说，他们被激怒时不太倾向于杀戮，而只是进行物质破坏。

审美群体和宗教群体是仅有的两类基于信仰的群体，不

[①] 这也再次证明了有机纽带（organic bond）和社会纽带（social bond）不同，后者的进步并不意味着前者的进步。——原注

过前者常常被忽视，具体原因我也不清楚。我用"审美群体"这个词来定义以下群体：基于对新兴或古老的文学和艺术流派的信仰，而被激起去褒奖或批评某个戏剧或音乐作品的人群。这类群体也许是最不宽容的，因为他们宣称的品位和判断具有很强的随意性和主观性。他们迫切需要看到自己对某些艺术家——比如维克多·雨果、瓦格纳、左拉等——的热爱或憎恨被狂热传播，这构成了一种不由分说的命令，因为艺术信仰的传播就是他们唯一的正义。当他们发现自己与某种势均力敌的反方狭路相逢时，其愤怒有时会变得血腥。比如在18世纪，关于意大利音乐的正反两方不就在街头大打出手了吗？

无论主要被归入信仰的共同体，还是被归入欲望的共同体，群体状态都可以表现为四个层级，这标志着他们被动或主动的不同程度，即期待的、殷勤的、示威的、主动的。公众也同样如此。

期待的群体是指在幕布升起前就聚集在剧场的人；提前围拢在断头台四周等待囚犯到来的人；或者那些跑去迎接国王、皇家客人，迎接载着大众领袖、演说家和凯旋将军的火车，以及等待皇家出行队伍的人。这类群体的集体好奇心达到了无与伦比的程度，而这种好奇心与他们关注的微不足道的对象毫无关系。这类群体的好奇心比期待的公众更加强烈和夸张，尽管在期待的公众中，当数百万读者被轰动性事件触发，等待判决、逮捕或重大事件的新进展时，他们的好奇心也会同样迸发。

最不好奇、最严肃的人在置身于这些狂热的集会时会问自己，如果手头还有紧急的事情需要处理，那到底是什么促使他仍停留在那里。如果只是像周围的人一样期待看到皇帝的车队或将军的黑马，这又有什么稀奇的呢？请注意，满怀期待的群体总是比类似情况下的个人更有耐心。在"法俄庆典"期间，许多巴黎人提前三四个小时沿着沙皇到来的路线蹲守，挤在一起原地不动，完全没有任何抱怨。很多时候，出现一驾马车会被误认为王室行进开始了，但很快就发现是搞错了，人们又回到等待状态，并且不会因为幻想之后的失望而产生一点点愤怒。同样常见的情况是，那些等待大型军事检阅的好奇群体在雨中经历漫长等待，有些甚至是在晚上。相反的情形则经常在剧院发生，一个此前还平静接受延时开演的观众会突然变得恼怒，不愿再忍受一分钟的拖延。

为什么群体总是比个人更有耐心，又或者更不耐烦呢？同样的心理原因可以解释这两种情况：情绪会在聚集的人之间相互传染。只要没有表现出来的急躁、跺脚、嘘声、拐杖声（群体无法从囚犯处决或者军事检阅中得到好处，所以这些都不会发生），每个人所看到的就只是身边人顺从或者愉快的态度，也会无意识地表现出自己的顺从或快乐。如果某个人突然变得烦躁（就像在剧院里），很快就会被逐渐模仿，每个人的烦躁会受到其他人烦躁的加倍影响。群体中的个人可以同时出现最高程度的双向道德吸引和身体排斥（公众就不存在这种矛盾情况）。他们彼此推挤，同时又显然希望表达出与身边人一致的情感，在他们不时发生的对话中，他们会不分等级或阶层地取悦彼此。

殷勤的群体是那些围在牧师或学者的讲坛和发言位四周的人，或者某部感人戏剧上演时聚集在舞台前面的人，他们的专注和冷淡都总是比其独处时更为强烈和持久。关于群体的问题，一位教授对我说过几句很有道理的话，他说："在人数不多的时候，法学院或其他学院的年轻听众总是显得很殷勤和尊重，但如果不是二三十人，而是有两三百人时，他们往往就不再尊重和倾听教授的发言，反而经常跺脚。如果把一百人分成四组，每组二十五人，那么从这一百名叛逆、不安分的学生中，你将得到四名满怀关注和尊重的听众。"当他们聚集在一起时，人数优势带来的傲慢会使其陶醉，并轻看对他们说话的孤立演讲者，除非演讲者设法引发听众的好奇心或"吸引"他们。必须补充的是，如果有更大数量的听众被演讲者吸引时，尊重和专注的程度反而会提升。

在那些着迷于奇观或演讲的人群中，永远只有少数人拥有很好的观感，许多人都只能看到一鳞半爪或几乎什么也没看到。尽管如此，他们也从不介意座位不够好，票价多么昂贵，也不思考自己是否满意或者后悔花掉的时间和金钱。这些人等了两个小时，沙皇终于经过了，但是挤在后几排的人什么也没看见，最多只能听到马车的声音，有时连这都只是一种幻觉。然而他们回家时，还是会真诚地讲述这一场面，仿佛自己就是见证人，但事实上他们是通过别人的眼睛看到的。如果这些人被告知，在离巴黎两百里格[①]的外省，有个人通过报纸上的照片看到皇室游行队伍，他更像一个真正的现场观众，他们一定会非常惊奇。为什么群体不相信这种情况呢？

---

① 里格，长度单位，1里格约等于4.828公里。

因为在庆典之中，群体自身就构成了景观，群体之间相互吸引和欣赏。

示威的群体，往往存在于上面所说的多少有些被动的两类群体与主动的群体之间。无论是用爱或恨，用喜悦或悲伤，用信念或激情来表现，这类群体总是表现出特有的无节制状态。我们可以在这些群体中看到两种女性化特征，即抢眼的外在标识，以及发明这些标识的贫乏想象力，这些标识总是雷同、重复到令人反胃。游行队伍带着横幅、旗帜、雕像和圣物，有时还把砍下的人头插在长矛上，高呼万岁或别的口号，合唱赞美诗或歌曲：这就是他们所能发明的用以表达情感的所有方式。如果想不出新的方式，他们就会不厌其烦地喊着同样的口号，在同样的游行中再次出发。

公众也是如此，当他们兴奋到一定程度时，也会变得富于示威性，这种示威性不仅通过从他们中产生的群体间接地表现出来，而且尤其会直接地表现为他们会对最初煽动他们且已不再能控制他们的人反向施加传染性影响，另外也表现为他们中温顺的政论者，会从笔下召唤出洪流般的赞美或诅咒、谄媚或诽谤、乌托邦式的狂热或血腥的愤怒，这些人把自己从主人变成了奴隶。他们的表现比群体更为多变，也更加危险。因此我们必须谴责那些在巧妙编造的谎言和似是而非的故事上所花费的天才创造力，这些谎言和故事被不断驳斥，却又不断复活，都只是为了满足公众的口味，替其表达那些他们认为真实，或者希望真实的东西。

我们现在来考察主动的群体。这类群体能做什么呢？我们已经看到他们能够破坏、摧毁东西，但受制于思维和行动不连贯，成员的努力也缺乏协同，他们又能够创造些什么呢？机构、派系、有组织的团体都既有生产力，也有破坏性。中世纪的主教兄弟会筑造桥梁，西方的修道士们开垦土地和建造村庄，巴拉圭的耶稣会士成功进行了空想社会主义尝试，泥瓦匠们也建造了大部分大教堂。但我们能列举出一所由群体建造的房子，一片由群体开垦和耕种的土地，或者一个由群体开创的产业吗？仅仅因为他们种下了几棵"自由之树"，就有多少森林被焚烧，多少房屋被掠夺，多少城堡被拆毁？

新兴民主国家所面临的与日俱增的危险，就是有识之士越来越难以摆脱混乱的困扰和魔咒，正如即使配备了潜水装备，进入惊涛骇浪的海洋也仍然困难重重。当今社会拥有声望的先行者，更多的是那些与社会保持接触的作家，他们所发挥的巨大影响力虽然比缺乏引导的盲目群体更为可取，但仍然只是对"群众的创造性"理论的批判。这还远远不够，仅仅传播大众文化必定收效甚微，而且我们还必须将高级文化发挥到极致，因此我们可以像萨姆纳·梅因一样，开始关心最后一批知识分子及其命运，尽管他们长期的努力暂未显出功效。究竟是什么阻止了人民将高山夷为平地，开垦成可耕种的农田、牧场和葡萄园？当然不是他们对这些天然蓄水池的感恩之心。山峰的存在只是因为其自身的坚实与厚重，而炸平它们的代价实在过于昂贵。能够使人类智慧和艺术的高峰免于因民主而沦为粗鄙的，恐怕也不是世界对它们的景仰，以及对那些伟大创造的应有尊重。那会是什么呢？我认为，就是它们自身所凝聚的抵抗力量。它们但凡松散离析，就难逃劫数。

译名对照表

A

阿道夫·吉洛，Adolphe Guillot
阿勒曼派，Allemanist
阿里乌斯教徒，Arians
阿瑟·扬，Arthur Young
爱德华·德吕蒙，Edouard Drumont
埃德加·基内，Edgar Quinet
埃拉伽巴路斯，Heliogabalus
埃米尔·涂尔干，Émile Durkheim
安拉，Allah
奥古斯都，Augustus
奥古斯特·孔德，Auguste Comte
奥利维耶，Ollivier
奥热罗，Augereau

B

保罗·巴拉斯，Paul Barras
保罗·布尔热，Paul Bourget
贝拉尔·德·格拉热，Berard des Glajeux
比约·瓦雷纳，Billaud Varennes
毕希纳，Büchner
伯格诺，Beugnot
布雷亚尔，Bréal

C

查凡德雷，Chavandret

D

达尔古，D'Harcourt
达纳诺，d'Arnano
达武，Davoust
戴维，Davey
丹东，Danton
丹尼尔·勒叙厄尔，Daniel Lesueur

德拉吕，Delarue
德拉奈，de Launay
德摩斯梯尼，Demosthenes
德斯福西斯，Desfosses
德索布，Desaubes
杜伊勒里宫，Tuileries

E
厄尔巴岛，Elba

F
法俄庆典，Franco-Russian festivals
法俄同盟，Franco-Russian alliance
斐迪南·德·雷赛布，Ferdinand de Lesseps
菲利伯特，Filibert
费利克斯·皮阿，Félix Pyat
佛陀，Buddha
伏尔泰，Voltaire
福克罗伊，Fourcroy
福斯特尔·德·库朗热，Fustel de Coulanges
福伊尔，Fouillée
弗朗索瓦·科佩，François Coppée
弗朗西斯克·萨尔塞，Francisque Sarcey

G
戈布特·阿尔维埃拉，Goblet d'Alviela
哥伦布，Columbus

《各民族进化的心理学规律》，*The Psychological Laws of the Evolution of Peoples*
《个人与国家》，*The Individual verses the State*
《公共传播及其社会效应》，*On Communication and Social Influence*
国王密令，lettre de cachet

H
《海流》，*Sea Currents*
《海外》，*Outre-Mer*
赫伯特·斯宾塞，Herbert Spencer
赫拉克勒斯，Hercules
荷马，Homer
亨利·梅因，Henry Maine
华莱士，Wallace

J
吉丁斯，Giddings
加布里埃尔·塔尔德，Gabriel Tarde

K
卡尔·马克思，Karl Marx
卡米尔·德穆兰，Camille Desmoulins
卡扎里斯博士，Dr. Cazalis
克鲁泡特金，Kropotkin
科洛·德布瓦，Collot d'Herbois
《科学杂志》，*Revue Scientifique*

译名对照表

克洛泰尔，Clothaire
库东，Couthon

L

拉福斯监狱，de la Force
拉马丁，Lamartine
拉塞尔·柯克，Russell Kirk
拉绍，Lachaud
拉维斯，Lavisse
兰博，Rambaud
卢梭，Rousseau
路德，Luther
路易·拿破仑·波拿巴，Louis Napoléon Bonaparte
罗伯斯庇尔，Robespierre
罗伯特·金·墨顿，Robert King Merton
罗特鲁，Rotrou

M

马克斯·韦伯，Max Weber
马拉，Marat
马雷，Maret
麦考莱，Macaulay
《模仿律》，*Les Lois de l'imitation*
摩莱萧特，Moleschott
摩洛克，Moloch
缪拉，Murat
穆罕默德，Mahomet

N

南安普敦，Southampton
内伊，Ney

O

欧内斯特·勒南，Ernest Renan

P

帕斯卡尔，Pascal
皮埃尔·培尔，Pierre Bayle
皮埃尔·约瑟夫·蒲鲁东，Pierre Joseph Proudhon

Q

乔治·杜比，George Duby
乔治·欧内斯特·布朗热，Georges Ernest Boulanger

R

让·饶勒斯，Jean Jaures
《人身保护令》，*Habeas Corpus*
《人与社会》，*L'Homme et les Sociétés*

S

萨伏那洛拉，Savonarolas
萨姆纳·梅因，Sumner Maine
《闪电报》，*L'Eclair*
《社会学原理》，*Principles of Sociology*
《什么是第三等级？》，*Qu'est-ce que le*

Tiers-État?
圣保罗，St.Paul
圣伯夫，Sainte Beuve
圣鞠斯特，Saint Just
圣女小德兰，Sainte Thérèse
圣乔治，St. George
《时报》，Temps
《世纪报》，Siécle
斯普勒，Spuller
《思想力》，idées forces
索邦，Sorbonne

T
塔尔德，Tarde
《唐豪赛》，Tannhäuser
梯也尔，Thiers
提比略，Tiberius
托克维尔，Tocqueville
托马斯·莫尔，Thomas More

W
瓦格纳，Wagner
瓦拉贝尔，Vaulabelle
旺达姆，Vandamme
维克多·雨果，Victor Hugo
《为了王冠》，Pour la Couronne
《文学评论》，Revue littéraire
沃尔斯利勋爵，Lord Wolseley

X
西哀耶士，Sieyès
《现代政体》，Le Regime Moderne
《宪法报》，Constitutionnel
小普林尼，Pliny the Younger
谢雷，Schérer
《心理学科学年鉴》，Annales des Sciences Psychiques
《新自由报》，Neue Freie Presse
《刑事犯罪比较》，La Criminalité comparée

Y
亚历山大，Alexander
耶稣会士，Jesuits
伊波利特·丹纳，Hippolyte Taine
隐士彼得，Peter the Hermit

Z
《争鸣》，Débats
《政治的审慎》，The Politics of Prudence
朱尔·西蒙，Jules Simon
朱利安·费利克斯，Julian Felix
朱塞佩·加里波第，Giuseppe Garibaldi
主教兄弟会，pontifical brothers
左拉，Zola